Johann Strasser

**Feldmarschal**

Radetzku's Heldenleben

Johann Strasser

**Feldmarschal**
*Radetzku's Heldenleben*

ISBN/EAN: 9783742866370

Hergestellt in Europa, USA, Kanada, Australien, Japan

Cover: Foto ©ninafisch / pixelio.de

Manufactured and distributed by brebook publishing software (www.brebook.com)

Johann Strasser

**Feldmarschal**

# Vorwort.

Ueber den Helden Radetzky wurden schon viele Bücher geschrieben, doch sind die meisten zu umfangreich und kostspielig um Gemeingut der Bevölkerung zu werden.

Deshalb hat Gefertigter es gewagt, in gedrängten Umrissen, dessen thaten= und ruhmreiches Leben zu beschreiben und hofft hiedurch den diesbezüglich mehrfach ausgesprochenen Wünschen gerecht zu werden.

Ausführliche Beschreibungen des Lebens Radetzky's sind zu finden, in den vortrefflichen Werken von Schneidawind, Schönhals, Strack u. a. die in erschöpfendster Weise die herrlichen Thaten unseres Helden berichten.

Johann Strasser.

Wien, im November 1885

ür Recht und Pflicht das Schwert gezückt,
Den Blick zum Himmel unverrückt,
Beschützend mit der Heldenhand
Den Kaiser und das Vaterland;
Das Herz an Menschenliebe reich,
Ein Kriegs- und Friedensfürst zugleich,
Im Handeln stark, im Strafen mild,
Das ist — Radetzky's Lebensbild.

Die Familie Radetzky von Radetz (früher Radecz) ist erweisbar aus Oberungarn nach Böhmen eingewandert, woselbst sie schon im 13. Jahrhundert erscheint.

Johann Radetzky von Radetz und Trnow erhielt am Freitag vor Misericordia 1329 zu Prag, vom Böhmenkönig aus dem luxemburgischen Hause, eine Bestätigungsbulle seines Adels und Wappens.

Als Ahnherr in Böhmen gilt Heinrich Radetzky, der mit Elisabeth Zapska von Zapa vermählt war.

Der Familiensitz, die Burg Radecz oder Hradetz, lag unweit Smrkow und wurde schon im 15. Jahrhundert zerstört.

Das Familienwappen der Radetzky's ist einfach. Ein von oben nach unten gleichgetheilter Schild, das rechte Feld roth, das linke blau, und befindet sich in der Diagonale durch beide Felder eine silberne Schaufel.

Der Ahnherr des Hauses hat in schwerer Hungersnoth der armen Bevölkerung durch großartige Bauunternehmungen Brot verschafft, daher die Schaufel.

Johann Georg Radetzky von Radetz, königlicher Hauptmann des Kaurczimer-Kreises, wurde am 26. Februar 1684 in den Freiherrnstand, und Wenzel Leopold, k. k. Kämmerer, am 27. April 1764 durch die große Kaiserin Maria Theresia in den Grafenstand erhoben.

* * *

Am 2. November 1766 wurde unser Radetzky als Sohn des k. k. Hauptmannes Grafen Peter Eusebius Radetzky de Radetz auf dessen, im Taborer Kreise in Böhmen gelegenen herrschaft=

lichen Schlosse zu Trebnic geboren und erhielt am 4. laut der noch vorhandenen Taufurkunde, in der heiligen Taufe die Namen Johann, Josef, Wenzel, Anton, Franz, Karl.

Frühzeitig verwaist, kam er zur Erziehung in das k. k. Theresianum, welches damals in Brünn war.

Kaum 18 Jahre alt, trat Radetzky als Privatcadet, gegen Erlag des Montursgeldes in das Graf Caramellische zweite Kürassierregiment (1. August 1784).

Schon am 3. Februar 1786 wurde er Unterlieutenant und am 11. November 1787 Oberlieutenant.

Sein sehnlichster Wunsch war es nun, in einem Feldzuge gegen Österreichs Feinde zu beweisen, daß die Gnade Seiner Majestät, der er die rasche Beförderung verdankte, an keinen Unwürdigen verschwendet wurde; und bald gieng sein Wunsch in Erfüllung.

Die russische Kaiserin Katharina II. erhielt im Jahre 1787 die türkische Kriegserklärung.

Österreichs Monarch Kaiser Josef II. war als Bundesgenosse Katharina's bestrebt zu vermitteln, da aber die Türkei alle derartigen Versuche schnöde zurückwies, erklärte Kaiser Josef II. am 9. Februar 1788 ihr den Krieg.

Nun kam die Zeit für unseren jungen Helden.

Er machte die drei Feldzüge gegen die Türkei bis zum Frieden von Szistow mit, wohnte der Belagerung von Berbir und Belgrad bei, focht bei dem Rückzuge von Illowa nach Karansebes tapfer mit, und benahm sich hier mit besonderer Auszeichnung gegen die wiederholten und überlegenen Angriffe der türkischen Spahis.

Einer der Ersten, der die Befähigung Radetzky's bemerkte und würdigte, war der vortreffliche Feldmarschall Graf Lacy, welcher ihn häufig als Ordonnanz-Officier verwendete.

Der zu frühe eingetretene Winter, sowie andere Umstände erlaubten es nicht, die bereits erzielten Erfolge auszunützen.

Kaiser Josef II. war persönlich Oberbefehlshaber auf dem Kriegsschauplatze, erkrankte jedoch durch die fürchterlichen Strapazen, denen er sich gleich den braven Truppen unterzog, derart, daß er im folgenden Jahre, beim neuerlichen Beginne der Feindseligkeiten, das Obercommando dem Feldmarschall Loudon, sowie dem Prinzen Josias von Coburg übertragen mußte, die trotz mehrfachen Siegen, die Macht der Osmannen nicht brechen konnten.

Der eingetretene Waffenstillstand währte nur bis 1790.

Schon waren die Rüstungen zum neuen Kriege gegen die Türkei fast beendet, da kam die erschütternde Nachricht von dem Tode des allgeliebten Kaiser Josef.

Leopold, dessen durchlauchtigster Bruder, übernahm die Regierung, schloß aber, da im Innern des Reiches viel zu ordnen war, im September 1790 mit der Türkei einen neuen Waffenstillstand, dem im Jahre 1791 der Friede von Szistow folgte.

Radetzky hatte in dem mitgemachten Kriege viel gelernt. Kaiser Josef und Marschall Lacy als Lehrmeister, legten eine sichere Grundlage zu dem sich immer mehr ausbildenden Scharfblick unseres jungen Helden.

Die nun ausgebrochene französische Revolution brachte auch Österreich den Krieg.

Es trat die Schreckensherrschaft Marat und Robespierre's ein. Ludwig XVI. wie auch Maria Antoinette und viele andere Edle, hauchten ihr Leben unter dem Fallbeile aus.

Da diese Greuelthaten immer mehr überhand nahmen, beschlossen die übrigen Staaten Europas, mit Waffengewalt dem furchtbaren Treiben Frankreichs Einhalt zu thun.

Rittmeister Radetzky diente damals im Kürassier-Regimente Franz Josef d'Este, welches zu der nach Frankreich beorderten Hauptarmee unter Commando des Prinzen von Coburg gehörte.

Die Franzosen unter Dumourier fochten gegen die österreichischen Heersäulen mit großer Tapferkeit, wurden aber am 18. März 1793 bei Neerwinden vom Prinzen von Coburg in der Entscheidungsschlacht vollständig geschlagen.

Ganz Frankreich trat nun unter die Fahnen und suchte die erlittene Niederlage zu rächen.

Trotzdem nun die Österreicher bei Fleurus (1794) besiegt wurden, wurde der Krieg fortgesetzt, selbst als 1795 Preußen mit Aufgebung des linken Rheinufers an Frankreich, den Frieden zu Basel schloß und Frankreich fast alle Armeen gegen Österreich wandte.

Dem österreichischen General **Clerfait** gelang es wohl, die Franzosen zurückzudrängen, ja selbst zu schlagen, und ihnen die Besitzungen am linken Rheinufer abzunehmen, doch bald drangen sie wieder mit beträchtlichen Verstärkungen vor.

Hier sei nun eine Heldenthat des jungen Radetzky erwähnt, die dessen Tapferkeit bewies und die der greise Marschall selbst erzählte:

Als vor der dritten Schlacht zum Entsatz von Charleroi (bei Fleuri 26. Juni 1794) im großen Hauptquartier den Alliirten nicht bekannt war, ob die Festung schon gefallen sei oder sich noch halte, **durchschwamm Radetzky, der sich hiezu freiwillig erboten**, nur von drei Mann Wurmser Husaren und drei Mann Erzherzog Franz Kürassieren begleitet, in der Dunkelheit des 25. die Sambre, kehrte auf demselben Wege zurück und meldete dem Feldmarschall Prinzen Josias von Coburg, daß Charleroi bereits vom Feind besetzt sei. Die Schlacht, welche als nächsten Zweck den Entsatz dieses Kriegsplatzes hatte, wurde nun abgebrochen und der Rückzug auf Mons und Brüssel angetreten.

Noch in der Schlacht am 26. Juni, wo Radetzky zwei leichte Kopfblessuren erhielt, war er zum zweiten Rittmeister (mit Rang vom 9. August) avanciert, und zwar wie der Armeebefehl lautete: „für bewiesene Auszeichnung".

Beim Sturm der Mainzer Schanzen am 29. October 1795, erhielt er als Führer der fünften Colonne einen leichten Prellschuß am linken Schenkel.

Doch setzen wir unsere Beschreibung fort.

Der erst 25jährige Erzherzog **Karl** hatte das Commando der Österreicher übernommen.

Früher schon hatte er glänzende Proben seines Feldherrntalentes abgelegt.

Er errang auch sofort glänzende Siege bei Amberg und Würzburg über die Franzosen, rieb deren Heer fast ganz auf und trieb den Rest über den Rhein zurück.

Später, als sich der Krieg nach Italien spielte, finden wir wieder unseren Helden Radetzky.

Er hatte sich, wie die Feldacten ausdrücklich berichten, in den verschiedenen Schlachten stets hervorgethan.

Feldzeugmeister Beaulieu, der am 17. März 1796 das Obercommando der Armee in Italien übernahm, ernannte ihn zu seinem Adjutanten.

Beaulieu's Tapferkeit war der seines Gegners, des Generals Bonaparte nicht gewachsen.

Selbst der tüchtige Feldherr Wurmser, der später an die Spitze der Österreicher trat, konnte es nicht verhindern, daß Bonaparte, der früher alle italienischen Fürsten besiegte, bald vor Kärnten und Steiermark stand.

Erzherzog Karl eilte nun mit seiner Armee vom Rheine herbei, doch als er sich mit Wurmser vereinigt hatte, um die Franzosen zu schlagen, wurde am 17. October der Friede von Campo Formio geschlossen, und entsagte in demselben Österreich den Niederlanden, der Lombardei, dem Breisgau und der Herrschaft Falkenstein, dagegen erhielt es Venedig, Istrien und Dalmatien.

Radetzky's Einfluß in den bisherigen Schlachten war natürlich ein ziemlich geringer, da seine Stellung noch eine untergeordnete war, doch zeichnete er sich in dem Gefechte bei Voltri (am 2. April) derartig aus, daß General Beaulieu hierüber eine eigene Relation erstattete.

Am 29. Mai 1796 wurde Radetzky zum Major im Pionnier-corps befördert.

Als solcher fand er im Jahre 1797 in Italien, sowie bei den Befestigungsarbeiten bei Gradisca und Isonzo trotz bedeutenden Schwierigkeiten Gelegenheit, wichtige Dienste zu leisten und Anerkennung zu ernten.

Ebenso wurde ihm, da man seine hervorragenden Kenntnisse im technischen Fache erkannte, der Bau der Straßen von Mont Felice nach Legnago und Villa nuova übertragen, und auch hier rechtfertigte er das in ihn gesetzte Vertrauen.

So hatte unser Held schon in seiner Jugend die Ruhmesleiter zu ersteigen begonnen, deren höchste Stufe er auch, durch seine stete Verwendbarkeit, selbst in den schwierigsten Lagen, sowie durch seinen Eifer im Studium aller militärischen Wissenschaften erreichte.

Nach dem Frieden von Campo Formio vermählte sich Radetzky mit der Gräfin Franziska Romana von Strassoldo-Grafenberg (9. November 1797).

\* \*

Die Vortheile, welche die Franzosen in Europa erzielten, machten sie immer übermüthiger.

Sie vertrieben sogar den Papst von Rom und hielten ihn bis zu seinem Tode (1799) gefangen. — Gleichzeitig stürzten sie die Regierung der Schweiz und annectierten Genf und Piemont, während in Rastatt der Friede verhandelt wurde.

Diese Zustände zwangen die europäischen Mächte, sich neuerdings zu alliiren und Frankreich anzugreifen.

Neapolitanische Truppen waren die ersten, die gegen Frankreich auftraten (1799), doch mussten sie bald der französischen Tapferkeit weichen.

Nun betraten auch Österreichs Soldaten unter Commando des sieggewohnten Erzherzogs Karl das Schlachtfeld, und schon am 21. März bei Ostrach und am 25. desselben Monats bei Stockach mussten die Franzosen geschlagen über den Rhein fliehen.

Womöglich noch herrlicher gestalteten sich die Siege der Österreicher in Italien, wo sich damals unter Baron Kray Major Radetzky befand.

Baron Kray, der das Commando nur bis zur Ankunft des Generals der Cavallerie Baron Melas führte, wurde beim Übergang über die Etsch von den Franzosen angegriffen.

Dieselben mussten jedoch, aufs Haupt geschlagen, weichen.

Radetzky, der dem Vorpostengefechte vor Legnago (26. März) beiwohnte, eilte noch in derselben Nacht nach Verona und wurde in dem Gefechte bei Tomba verwundet.

Am 9. April übernahm Melas das Commando und erbat, da er von den vortrefflichen Eigenschaften Radetzky's hörte, von Seiner Majestät die Zuweisung desselben als Generaladjutanten, welche Bitte unter gleichzeitiger Ernennung Radetzky's zum Oberstlieutenant (1. Mai) gewährt wurde.

Nun erst war der Wirkungskreis unseres Helden ein grösserer geworden, und wir finden von da ab, fast in allen Berichten über Siege der Österreicher, wegen besonderer um dieselben erworbenen Verdienste den Namen Radetzky's angeführt.

Mittlerweile machten die Österreicher gegen Frankreich in Italien immer größere Fortschritte und als dann die russischen Hilfstruppen unter **Suwarow** unsere Armee verstärkten, mußten die Franzosen auf allen Punkten weichen.

Wohl eilte der französische General **Macdonald** von Neapel, sowie eine Armee von Parma, zusammen in der Stärke von 15.000 Mann, herbei, um die Österreicher bei Piacenza anzugreifen, doch mußten sie, nach vergeblichen Angriffen endlich total geschlagen fliehen.

Wo der Kampf am heftigsten wüthete, war stets Melas Adjutant Radetzky zu finden; im dichtesten Kugelregen sprach er den Truppen Muth zu; doch plötzlich erscholl der Ruf: Radetzky sei gefallen.

Glücklicherweise war jedoch bloß Radetzky's Pferd durch eine Kanonenkugel getroffen und gestürzt. — Er sprang schnell auf ein anderes Pferd und war wieder in der Mitte seiner Braven, die ihn schon damals wie ihren Vater liebten und verehrten.

Bald hatte Radetzky einige Schwächen der Feinde bemerkt und seinem Chef Melas gemeldet, und so wurde auch hier wesentlich durch seinen Scharfblick an diesem Tage ein glänzender Sieg über die Franzosen errungen.

General Fürst **Liechtenstein** warf sie noch über die Trebbia, machte bei dieser Gelegenheit 350 Gefangene, und hätte nicht die einbrechende Nacht dem Kampfe ein Ende gemacht, so wären die Franzosen durch die am Flußufer postierten Geschütze gänzlich vernichtet worden.

Die amtliche Schlachtrelation lautet:

„Radetzky habe unausgesetzt Beweise seiner Bravour und militärischen Talente gegeben, und sei schon mehrmals angerühmt und der allerhöchsten Gnade empfohlen worden. **Er habe auf dem Schlachtfelde selbst durch Geistesgegenwart, Eifer und rasches Eingreifen die wesentlichsten Dienste geleistet.** Ich kann — sagt der Commandierende in seinem Bericht — den Eifer, womit er die vorrückenden Truppen, stets an ihrer Spitze, auf die gefährlichsten Punkte brachte, nicht genug rühmen, und ich muß ihm das Zeugnis geben, daß er durch seine bekannte, ihm ganz eigene Thätigkeit zu dem erfochtenen Sieg wesentlich beigetragen habe."

Gleichzeitig schritt Melas für seinen Generaladjutanten um das Theresienkreuz ein, welches Radetzky aber nicht erhielt; er mußte noch mehr leisten, um diese höchste militärische Auszeichnung zu erlangen.

Schon den Tag darauf in der Schlacht an der Trebbia erhielt Radetzky (20. Juni) an der Tarobrücke eine leichte Kopfcontusion durch eine Gewehrkugel.

In den späteren kleineren Gefechten blieben die Österreicher auch stets Sieger.

In der Entscheidungsschlacht bei Novi (13. August), die äußerst blutig war, siegten wieder die verbündeten Österreicher und Russen, und verloren die Franzosen nebst ihrem Obergeneral Joubert und General Colli fast die ganze Armee.

Joubert fiel von mehreren Kugeln getroffen, während Colli bei Beginn der Schlacht von Feldzeugmeister Kray gefangen genommen wurde.

Auch in dieser denkwürdigen Schlacht zeigte Radetzky sein Feldherrntalent; er ordnete selbst fast alle Angriffscolonnen und trug so wieder wesentlich zum Siege bei.

Die Relation lautete folgendermaßen:

„Ich finde nicht Ausdrücke und Worte genug, um das Verdienst, die unerschütterliche Tapferkeit und den bis zur Begeisterung gesteigerten Muth der ganzen Armee zu schildern. — —

Endlich kann ich mir nicht versagen, den verdienstvollen Oberstlieutenant Grafen Radetzky Seiner Majestät zur Belohnung umsomehr zu empfehlen, da ich in so vielen Gelegenheiten seine ganz besondere Entschlossenheit, Bravour und rastlose Thätigkeit zu bewundern Gelegenheit fand und er auch diesen Tag die Angriffscolonnen meist selbst geordnet und bei mehreren Angriffen den thätigsten Antheil nahm, folglich gewiß wesentlich zum Siege beigetragen hat."

Noch am 4. und 5. November hatte Melas bei Savigliano und Fossano (Genola) die Franzosen unter Championet geschlagen. Auch hier wieder sagte der Commandierende in seinem amtlichen Bericht:

„Ich muss den rastlosen, eifrigen und unermüdlichen Herrn Oberstlieutenant Grafen Radetzky, für den so viel wahres und wesentliches Verdienst im Laufe des ganzen Feldzuges spricht, zu Allerhöchster Gnade anempfehlen und erneuert um dessen verdiente Belohnung bitten."

An demselben Tage, wo Radetzky bei Genola neue Proben kaltblütiger Umsicht gab, hatte der Kaiser sein Beförderungsdecret zum Oberst mit Belassung in seiner bisherigen Anstellung unterzeichnet. Er stand damals im 33 Lebensjahre.

Am 3. December war der italienische Feldzug beendet. Die Franzosen waren aus Italien vertrieben, ganz Oberitalien mit 22 Festungen erobert, die alte Ordnung der Dinge wieder hergestellt und so konnte man daran denken, die erschöpften Truppen über den Winter ruhen zu lassen.

Fast gleichzeitig erfocht Erzherzog Karl mit einem Theile des österreichischen Heeres bei Zürich in der Schweiz einen glänzenden Sieg über die Franzosen.

Doch die Ruhe währte nicht lange.

Schon im Frühjahre 1800 erdröhnte neuerlicher Kanonendonner.

Napoleon, der aus Egypten zurückgekehrt war, hatte die bisherige Regierung Frankreichs gestürzt, sich zum ersten Consul des Reiches aufgeworfen und den Entschluss gefasst, die Scharten auszuwetzen und die in Verlust gerathenen Vortheile wieder zu erringen.

Damals war sein Glücksstern aufgegangen.

Die Russen traten nunmehr aus der Reihe der Feinde Frankreichs und so ruhte fast die ganze Kriegslast auf Österreich. Doch auch im Unglücke blieben unsere Soldaten tapfer und bewiesen, dass auch sie den alten Ruhm der Österreicher verdienten.

Am 5. April stand unsere Armee kampfbereit und wenige Tage später waren die für uns siegreichen Gefechte bei Savona und Vada.

Auch hier hatte sich Radetzky, an der Spitze einer Sturm=
colonne, dadurch besonders hervorgethan, daß er die Franzosen
aus fast unnahbaren Stellungen vertrieb.

Später, bei der Eroberung der Riviera und der Grafschaft
Nizza, zeichnete sich unser Held neuerdings in hervorragender
Weise aus.

Bisher waren die Österreicher im Kampfe glücklich.

Nun aber wagte Napoleon, der auf sein Glück vertraute,
den Marsch mit dem Gros seiner Armee über den großen
St. Bernhard und einige andere hohe Alpenberge und erschien
plötzlich im Rücken der Österreicher; trennte hiedurch deren Heer
und versuchte einen Theil desselben abzuschneiden und gefangen
zu nehmen.

General Melas mußte nun das bereits eroberte Genua
aufgeben und auf die Verbindung mit den Österreichern bedacht
sein. Da er aber die französische Armee nicht durchbrechen konnte,
zog er sich nach Mantua zurück.

Radetzky war am 5. September zur Cavallerie=Division
des Fürsten Liechtenstein nach Deutschland zugetheilt worden,
da Österreich auch von dieser Seite von Napoleons Truppen
angegriffen wurde.

Der französische General M o r e a u hatte gegen die Unseren
einige Vortheile erworben, doch bei Hohenlinden wurde er, trotz
seiner Übermacht, von den Österreichern wiederholt zurückgedrängt,
und erlitt durch unser Geschützfeuer sehr bedeutende Verluste.

Radetzky hatte in dieser Schlacht mit vier Schwadronen
seines Regiments von 9 Uhr morgens bis 3 Uhr nachmittags
mehrere höchst blutige Attaken gemacht. Bei einer derselben
gerieth er in solche Hitze, daß er einem feindlichen Officier das
bereits abgeschossene Pistol an den Kopf warf und ihn dadurch
kampfunfähig machte. Er erhielt einen Prellschuß am linken
Fuß und verlor wiederum ein Pferd unter dem Leib.

Feldmarschalllieutenant Fürst Liechtenstein sagte in seiner
dienstlichen Relation: „Ich muß die vorzügliche Verwendung
sämmtlicher Officiere anrühmen; ganz besonders aber von der
Brigade Wolfskehl die Obersten Radetzky und K u h n e n f e l d,
welche wegen ihrer Auszeichnung und besonderer Verwendung

zu Gnaden anzuempfehlen ich mich vorzüglich schuldig zu sein erachte." —

Nun erhielten die Franzosen neuerliche bedeutende Verstärkungen. Unsere Braven, die seit 9 Stunden auf gefrorenem Boden, bei schneidender Kälte, in gewohnter Weise ihre Schuldigkeit gethan und dabei fast erschöpft waren, zogen sich bei einbrechender Nacht auf Befehl des Fürsten Liechtenstein nach Prag und Ramsau zurück.

So gieng diese Schlacht für uns verloren (3. December 1800), obwohl alle Österreicher wie Helden fochten.

Durch die fortgesetzten Kriege war unser Vaterland geschwächt, es sehnte sich nach Frieden, weshalb Kaiser **Franz der II.** nach einem Waffenstillstande, den Frieden zu Luneville (am 9 Februar 1801) fast unter den gleichen Bedingungen, wie bei Campo Formio, schloss.

Österreich erhielt hiedurch eine mehr abgerundete und sichere Grenze gegen Italien, verlor aber Toscana. Gleichzeitig trat Franz II. als deutscher Kaiser das linke Rheinufer ab und erhielten die hiedurch verkürzten Fürsten andere Ländchen in Deutschland.

Napoleon wollte die bestehende Ordnung in ganz Europa umstürzen; er machte aus Italien eine Republik, setzte sich natürlich zum Präsidenten ein, Toscana gab er dem Herzog von Parma, selbst in der Schweiz änderte er die Regierung.

Er konnte sich alle diese Gewaltacte leicht erlauben, da seine Feinde, mit Ausnahme Russlands, gebeugt und fast machtlos waren, während Russland die neugeschaffenen Einrichtungen Napoleons zu billigen schien.

Doch nun zu Oberst Radetzky; derselbe erhielt am 18. August 1801 für seine wiederholt erworbenen großen Verdienste den höchsten Militärverdienstorden, das Maria Theresienkreuz, eine Auszeichnung, die einem so jungen Soldaten nur selten zu Theil wurde.

Nun kamen vier Jahre des Friedens für Radetzky.

Er lag mit seinem Regimente in Ödenburg und wurde seiner Leutseligkeit und Freundlichkeit wegen von Militär und Civil geliebt.

Zahlreiche Anecdoten erzählen über ihn, doch will ich nur eine hervorheben.

Ein Soldat hatte durch besondere Bravour einen gefährlichen ungarischen Räuber gefangen — und wurde für diese That Radetzky vorgestellt. — Dieser sagte nun zu ihm: „Wenn der Kaiser viele Soldaten deiner Art hätte, würde keine Schlacht verloren"; doch der Soldat antwortete schlagfertig: „Solche Soldaten hat der Kaiser genug, aber wenig solche Officiere, wie Sie, Herr Oberst, einer sind." —

Mittlerweile hatte sich Napoleon am 2. December 1804 in Paris vom Papste, den er dahin beschied, feierlichst krönen lassen.

Sein Übermuth kannte eben keine Grenzen.

Gleichzeitig machte er sich zum König von Italien.

Da er nun wieder gegen England in beleidigendster Weise auftrat, das Königreich Hannover willkührlich besetzte und brandschatzte, traten die Völker Europas wieder zusammen, um sich endlich von diesem Alp, der auf allen lastete, zu befreien.

Napoleon setzte nun zwei gewaltige Armeen in Bewegung, die eine sollte nach Deutschland, die andere nach Italien; und weil es den Anschein hatte, daß der Hauptangriff von Italien gegen Österreich erfolgen sollte, ließ Kaiser Franz seinen besten Feldherrn, den sieggewohnten Erzherzog Karl mit 65.000 Mann dahin abrücken.

Radetzky erhielt am 27. August seine Beförderung zum Generalmajor und Truppenbrigadier mit der Eintheilung nach Italien. Er stand damals im 39. Lebensjahre.

Sein Commandeur, Feldmarschall D a v i d o v i c h, beorderte ihn zur Bildung der Avantgarde des linken Flügels.

Am 18. October 1805 bezog seine Brigade die Vorposten bei Becca civetta bis gegen Masii.

Damals war es, wo er o h n e  i r g e n d  e i n e  E r m ä c h t i g u n g  mit einer Husarenabtheilung durch die Etsch schwamm, jenseits einen französischen Posten überfiel und mit 50 Gefangenen zurückkehrte.

Alle brannten nun vor Begierde, sich mit den Franzosen zu messen.

Dieselben hatten eine Brücke über den Fluß geschlagen und zogen bereits in bedeutender Stärke zum Kampfe vor.

Ungestüm war der Angriff auf Veronetta, doch heldenmüthig wurden sie von Radetzky's Braven empfangen und geworfen, worauf sich die Franzosen zurückzogen und einige Tage gar nicht zu schießen trauten.

Am 29. October begann die Schlacht bei Caldiero, die drei Tage dauerte, und bei der hunderte braver Soldaten den Heldentod starben; am 31. October war sie endgiltig zu unseren Gunsten entschieden.

Doch die Siegesfreude verwandelte sich in Trauer, als ein Courier die Nachricht brachte, daß Napoleon siegend in Deutschland vordringe und bereits den Inn überschritten habe.

Er hatte in rascher Folge die Baiern, Würtemberger und Badenser besiegt und deren Truppen schlossen sich nun an Napoleon, zum Kampfe gegen ihre deutschen Brüder.

Auf diese Nachricht hin mußte Erzherzog Karl die errungenen Vortheile in Italien aufgeben, Italien und Tirol räumen und sich nach Krain zurückziehen.

Am 1. November um 4 Uhr nachmittags traten die Sieger in Italien traurig und schweigend den Rückzug an, nur eine starke Arieregarde blieb in der Aufstellung zurück, um Massena zu täuschen, und diese erreichte ihren Zweck vollkommen, denn derselbe zog sich noch am selben Tage bis Vago zurück.

Als am 8. die Meldung kam, Napoleon bedrohe Ober-Steiermark, erhielt Generalmajor Radetzky Befehl, mit dem Erzherzog Karl-Uhlanen-Regiment über Görz und Laibach nach Cilli aufzubrechen, um die Armee im Rücken zu decken.

Mittlerweile rückte Napoleon ungehindert bis Wien vor, wo ein panischer Schrecken herrschte, da die Gräuelthaten der Franzosen in den Revolutionsjahren, noch in aller Andenken waren.

Alle Fremden wurden aus Wien gewiesen; Adel und Bürgerschaft machten Garnisonsdienste, Pferde und Fahrgelegenheiten wurden mit Beschlag belegt und wer nur konnte, floh aus der Stadt.

Am 8. November erschien die französische Avantgarde unter Prinzen Murat vor Purkersdorf.

Am nächsten Tage kam eine Deputation und überbrachte im Auftrage des Kaisers die Schlüssel von Wien, da derselbe der Stadt die Belagerung und Beschießung ersparen wollte. — Wenige Tage später rückten die Franzosen in Wien ein.

Inzwischen war Napoleon nach Mähren geeilt und hatte den erschöpften und ermatteten Heeren, die sogenannte Dreikaiserschlacht geliefert, die er gewann.

Radetzky nahm an dieser Schlacht nicht Theil; er war am 2. December noch in Feldbach, rückte am 4. nach Föhring und Fürstenfeld und war trostlos, sowohl über den unglücklichen Ausgang der Schlacht, als über sein Geschick, welches ihn, statt kämpfen zu lassen, zu Marschrouten verurtheilte.

Da der Kaiser das weitere Blutvergießen als nutzlos verhindern wollte, schloß er am 26. December zu Preßburg den Frieden, in welchem Tirol an Baiern, die Gebiete in Schwaben an Baden, Würtemberg und Baiern, sowie ein Theil der italienischen Besitzungen abgetreten werden mußte, Salzburg aber an Österreich fiel.

Am 2. Jänner 1806 wurde der versammelten Generalität officiell der Frieden bekannt gegeben und der Befehl ertheilt, die Armee aufzulösen. — Lautlose Stille herrschte während dieser Bekanntgabe, nur Radetzky stampfte mit dem Fuße und sprach: „Der Tag der Vergeltung wird bald kommen."

Napoleon war wieder in seine Länder zurückgekehrt, führte mit Preußen, Spanien und England Krieg, nahm den Papst gefangen, beraubte ihn des Kirchenstaates und wirtschaftete wie es ihm beliebte.

Radetzky wurde als Brigadier nach Wien berufen und verblieb bis Ende Februar hier.

Erzherzog Karl reorganisierte in den Friedensjahren die Armee vollkommen, und bald war ein neuer Geist in derselben.

Niemand dachte mehr, daß Napoleon auch diese Armee besiegen werde, und alle wünschten, baldigst denselben von seiner Ruhmeshöhe zu stürzen.

Im Jahre 1809 forderte Kaiser Franz, da er den Augenblick der Vergeltung gekommen sah, ganz Deutschland auf, sich gegen Frankreich zu erheben.

Da die Spanier Napoleon viel zu schaffen machten, schien die Gelegenheit günstig zu sein.

Österreich stellte zwei Armeen ins Feld; die eine, unter Generalissimus Erzherzog Karl, zog nach Baiern, während die andere, unter Erzherzog J o h a n n, nach Italien vorrückte.

Radetzky wurde beim V. Corps des Erzherzog L u d w i g bei Budweis eingetheilt.

Am 15. April stand er vor Landshut.

In der Nähe auf den Höhen von Altdorf war der Feind und beeilte sich die Brücke über die Isar abzutragen.

Radetzky ließ sofort die Kanonen wirken. — Im heftigsten Kugelregen stellten unsere Pionniere die Brücke her und mittags war unser Held mit seinen Truppen drüben.

Als am 16. April die Baiern zu fliehen begannen, rief Radetzky: „Vorwärts Kinder! damit wir zum Abendessen nach Seligenthal zurecht kommen."

Mit erneuerter Begeisterung wurden die Feinde aus Seligenthal geworfen und weit hinter Altdorf zurückgetrieben.

So drang er unaufhaltsam vorwärts.

Doch nun eilte Napoleon aus Spanien herbei.

Er hatte Russland gegen Österreich gereizt, so dass unser Kaiser zur Sicherung der Monarchie ein Heer nach Galizien senden musste.

Bald drängte Napoleon, hauptsächlich mit Hilfe seiner deutschen Verbündeten, die österreichische Hauptarmee bei Regensburg (nach fünftägigem Gefechte am 23. April) über die Donau nach Böhmen zurück.

Diese Nachrichten zwangen Radetzky die errungenen Vortheile aufzugeben und zurück zu marschieren, bei welcher Gelegenheit er alle sich ihm in den Weg stellenden feindlichen Truppen in gewohnter Weise schlug und vertrieb.

Am 2. Mai traf er endlich in Wels ein, wo er vom Feinde überfallen und gegen die Stadt gedrängt wurde; — dreimal warf er ihn zurück und machte 70 Gefangene, da jedoch die Nacht eingebrochen war, blieb der Kampf unentschieden.

Am nächsten Tage musste Radetzky nach Kleinmünchen marschieren, um den Übergang der österreichischen Armee zu decken.

Dort war seine Anwesenheit dringend nothwendig.

Das blutige Treffen bei Ebelsberg, während des Überganges der Brigade Bianchi über die Traun, in welchem die Franzosen zweimal zurückgeworfen wurden, zeigte es, daß nur Radetzky mit seinen braven Soldaten solches erzielen konnte.

Erst am späten Abend, als die Franzosen vollkommen erschöpft waren, wichen die Österreicher in bester Ordnung.

Bald darauf war Napoleon das zweite mal vor Wien. Am 10. Mai begann das Bombardement und bald hatte er die Stadt wieder eingenommen.

Doch diesmal war der Muth der Österreicher nicht gebrochen.

Erzherzog Karl war mit seiner Armee nach Wien geeilt, um sich mit Napoleon zu messen.

Am 21. und 22. Mai kam es bei Aspern und Eßlingen zu einem blutigen Zusammenstoße und Napoleon erlitt hier seine erste Niederlage.

Nun war der Glaube an die Unüberwindlichkeit Napoleons zertrümmert. — Er flüchtete über die Donau und wartete die Verstärkungen ab, die sein Stiefsohn Beauharnais aus Italien brachte.

Radetzky war am 27. Mai zum Feldmarschall=Lieutenant und Truppendivisionär avanciert.

Am 5. Juni wagte Napoleon bei Deutsch=Wagram eine neuerliche Schlacht. Dieselbe war sehr blutig und wurden die Franzosen an allen Punkten zurückgedrängt.

Da jedoch die österreichischen Verstärkungen ausblieben, musste am folgenden Tag, trotz der heldenmüthigsten Ausdauer aller Soldaten, die Schlacht verloren werden, und zog sich Erzherzog Karl mit seiner Armee nach Mähren. Erzherzog Karl ernannte Radetzky zum Beweise der vollen Zufriedenheit zum 2. Inhaber des 4. Kürassier=Regiments.

Gleichzeitig brach der Aufstand in Tirol, sowie die Gährungen in Norddeutschland aus, und diese Anzeichen der steigenden Unzu=friedenheit, ließen Napoleon sehr geneigt finden, am 14. October 1809 den Frieden in Wien zu schließen.

Erzherzog Karl legte gleichzeitig seine Stelle als Kriegs=minister und Armee=Oberbefehlshaber nieder.

Im Laufe des letzten Krieges wurde Radetzky zum Chef des Generalquartiermeisterstabes ernannt und erhielt in gerechter Würdigung seiner Verdienste das Commandeur=Kreuz des Maria Theresienordens (8. April 1810 laut einhelligem Capitelbeschluß). Die Friedenszeit benützte derselbe zum gründlichen Studium der Militärgeographie und beschrieb unser Vaterland. — Ebenso ordnete er die Zusammenstellung der Kriegsgeschichte der letzten Jahre an und erwarb sich hiedurch wieder wesentliche Verdienste.

Die Befreiungskriege in den Jahren 1813 bis 1815 verbrachte Radetzky als Chef des Generalquartiermeisterstabes beim Observationscorps in Böhmen.

Napoleon, der auf dem höchsten Gipfel seiner Macht angekommen war, der in der willkührlichsten Weise mit den verschiedenen Ländern Europas verfuhr, der die Grenzen fast aller Länder veränderte, hatte sich endlich auch mit dem Czaren Alexander, seinem früheren Bundesgenossen, verfeindet.

Ihm, den Besieger Europas, schien es ein Leichtes, auch Russland zu demüthigen.

Mit einer Armee von 500.000 Mann, unter welchen sich, gezwungen, italienische und deutsche Truppen befanden, marschierte er im Jahre 1812 über Russlands Grenze.

Das ungewohnte Klima, die fortwährenden Entbehrungen und verheerenden Krankheiten, die in der französischen Armee herrschten, machten es, daß am 18. October diese stolze Armee auf 104 000 Mann zusammengeschmolzen war. Deshalb beschloß der Besieger Europas in wirtlichere Gegenden zurückzukehren.

Die plötzlich eingetretene furchtbare Kälte, die mangelhafte Verpflegung und Bekleidung, sowie die verfolgenden Russen, trugen dazu bei, daß in wenig Tagen nur noch 30.000 Waffen= fähige die Beresina unter Marschall Ney und Oudinot erreichten; als die französische Armee aber bei Königsberg ankam, war sie bis auf 500 Mann reduciert. — — — — —

Napoleon, der verzweifelnd seiner Armee nach Paris voraus= eilte, wusste, daß Europa nicht ruhen werde, ihn vollkommen zu stürzen — und er hatte sich nicht getäuscht.

Preußen, Russland, Schweden und England verbanden sich, und erklärten im Jahre 1813 Napoleon den Krieg, und nochmals leuchtete der Glücksstern Napoleons auf, indem er bei Lützen und Bautzen die Verbündeten schlug.

Österreich vermittelte nun und es kam zu einem zweimonatlichen Waffenstillstande. (Thiers XV. Band, Geschichte des Consulates und Kaiserreiches).

Da aber die Völker Österreichs, durch den Übermuth Napoleons gereizt, den Kaiser Franz baten, sich den Gegnern Napoleons anzuschließen, erklärte auch Österreich demselben den Krieg und nun hatte sich das Glück gewendet.

Bei Großbeeren und an der Katzbach waren die ersten Niederlagen der Franzosen, denen bei Kulm und Nollendorf am 30. August die weiteren Schlappen folgten, in welchen die französische Armee vernichtet wurde. (12.000 Mann kamen in Gefangenschaft).

Radetzky als Chef des Generalstabes hatte wieder seinen großen Antheil an den Siegen, indem er den Operationsplan der Verbündeten ausarbeitete. (Siehe: „Denkwürdigkeiten Toll's" und „Henkels Erinnerungen").

Radetzky's Verdienste bei Kulm würdigte der russische Kaiser durch Verleihung des St. Annenordens erster Classe.

Die Schlacht bei Leipzig,*) am 18. October begonnen, währte 3 Tage.

Napoleon focht mit seinen 190.000 Mann mit dem Muthe der Verzweiflung, wurde aber auch hier von den Verbündeten geschlagen.

Radetzky war während der Leipziger Völkerschlacht drei Tage nicht vom Pferde gekommen, und nährte sich während dieser Zeit nur von einigen harten Hühnereiern.

Er verlor bei Leipzig wieder zwei Pferde unter dem Leib und erhielt zwei Prellschüsse am linken Oberschenkel

---

*) Für das Studium der Schlacht von Leipzig ist Asters Werk das empfehlenswerteste, da er auch das k. k. Kriegsarchiv benützen durfte. Hochinteressant bleiben, um den Lauf der Begebenheiten zu folgen, Prokesch's vortreffliche Denkwürdigkeiten aus dem Leben des Feldmarschalls Fürsten Karl zu Schwarzenberg, sowie das im Jahre 1858 im Cotta'schen Verlag zu Stuttgart und Augsburg erschienene Werk unter dem Titel: „Aus dem handschriftlichen Nachlass des k. k. österreichischen Feldmarschalls Grafen Radetzky."

Die amtliche Relation nennt ihn unter jenen Generälen, „welche sich durch ihr einsichtsvolles Benehmen, durch ihre unermüdete Thätigkeit und ausgezeichnete Tapferkeit vorzügliche Ansprüche auf den Dank des Vaterlandes erwarben."

Noch auf dem Schlachtfelde selbst verlieh ihm sein gnädiger Kaiser das Großkreuz des Leopoldordens.

In dem betreffenden Diplom heißt es: „Für seine mehrjährigen, so ruhmvoll als getreuen und ersprießlich geleisteten Militärdienste, insbesondere aber in Berücksichtigung der ausnehmenden Verdienste als Generalquartiermeister der verbündeten Armeen bei der ewig denkwürdigen Schlacht bei Leipzig."

Der russische Kaiser schmückte die Brust des österreichischen Generalstabschefs mit dem Militär-Sanct-Georgsorden dritter Classe.

Die verbündeten Monarchen versammelten sich nach der Schlacht auf dem Marktplatze zu Leipzig, wo auch, mit lautem Jubel empfangen, die Feldherren S c h w a r z e n b e r g und B l ü c h e r ankamen

Kaiser Franz überreichte dort dem Helden Schwarzenberg das Großkreuz des Maria Theresienordens.

Dieser wandte sich darauf um und rief: „Wo ist Radetzky?" — er kam auch — auf einer Bahre getragen, da er, wie oben erwähnt, im Kampfgewühle verwundet wurde.

Fürst Schwarzenberg eilte auf ihn zu, nahm von der eigenen Brust das Commandeurkreuz des Maria Theresienordens, das er seit dem Jahre 1805 getragen und heftete es mit den Worten an Radetzky's Brust: „Dieses Kreuz hat der große Loudon getragen; ich kann es in keine würdigeren Hände, als die Ihren legen.

Und Radetzky hat es getragen, bis ihm seines Kaisers Huld nach dem unvergleichlichen Siege bei Custozza das Großkreuz gab. Die Mächte sehnten sich nun nach Frieden, trugen daher Napoleon denselben unter billigen Bedingungen an, er aber verwarf dieselben, weshalb die Verbündeten über den Rhein marschierten.

Am 1. Februar 1814 erfochten Schwarzenberg und Blücher bei la Rothière und Brienne Siege über die Franzosen.

Radetzky's Wirken an diesem Tage erkannte der russische Kaiser noch auf dem Schlachtfelde, durch die Verleihung des Alexander=Newski=Ordens.

Da die Armee der Verbündeten schwer zu verpflegen war, wurde beschlossen sich zu trennen, und dieser Augenblick ward sofort von Napoleon bemerkt und ausgenützt, indem er sich auf Blücher warf, dessen Armee in fünf Treffen besiegte und zum Rückzuge zwang. (10.—14. Februar 1814).

Die abermalige Bedrohung der schlesischen Armee durch einen überlegenen Gegner führte zu der Schlacht bei Bar=sur=Aube. Fürst Schwarzenberg beschloß die Offensive wieder zu ergreifen und den Marschall Oudinot zu vernichten, der in einer fehlerhaften Position vor ihm stand. Dem Feldmarschall Schwarzenberg brachte der Kampf am 27. Februar, nach 14 Feldzügen, die erste Wunde, einen Streifschuß am Oberarm, welchen er jedoch in den ersten Stunden verschwieg und sich allenthalben zeigte, wo das Gefecht am heftigsten war.

Die eroberte Stadt wurde verdientermaßen der Plünderung preisgegeben, denn ihre Bewohner hatten am Kampf gegen die Alliirten theilgenommen.

Die amtliche Relation über den 27. Februar drückt sich in Bezug auf den Generalstabschef der verbündeten Heere, wie folgt, aus: „Der Feldmarschall=Lieutenant Graf Radetzky hat an diesem Tage neue Beweise seines richtigen Umblicks und militärischen Genies gegeben."

Der König von Baiern verlieh ihm das Großkreuz des Militär=Max=Josef=Ordens.

Der neuerlich angebotene Friede wurde, weil Napoleons Ansprüche unerhört waren, nicht geschlossen, sondern es wurde weiter gekämpft.

Am 20. und 21. März erlitt Napoleons Armee eine Niederlage bei Arcis an der Aube durch Schwarzenberg, und nun war den Verbündeten der Weg nach Paris offen.

Am 31. März war Paris bezwungen.

Um 11 Uhr Vormittag hielten die Monarchen von Rußland und Preußen ihren Einzug in die feindliche Hauptstadt.

Die Österreicher hatten hier Gelegenheit Vergleiche anzustellen.

Zweimal (1805 und 1809) betrat Napoleon die alte Kaiserstadt an der Donau als Sieger, aber nie bewegte sich eine Hand. nie öffnete sich ein Mund zum Willkomm. Es herrschte jedesmal ein bedeutungsvolles Schweigen, wo nicht eine an Verachtung streifende Haltung der Bevölkerung. Den Haß im Herzen, die Verwünschungen auf der Lippe bei Alt und Jung, bei Arm und Reich, dies war des Siegers Empfang in Wien.

Napoleon kam für die Rettung seiner Hauptstadt zu spät. Vier Stunden von Paris, auf der Anhöhe bei Invigny, gewahrte er deutlich die lange Linie der Lagerfeuer jenseits der Seine und erhielt in demselben Augenblick den Curier des Generallieutenants Belliard mit der Meldung von den Vorfällen am 30. und 31. Er kehrte nach Fontainbleau zurück, wo er nach einander seine Absetzung, die Capitulation von Essonne und die Wiedereinsetzung der Bourbons erfuhr.

Schon am 12. April erreichte der Graf von Artois Paris.

Der enthronte Kaiser überlebte, trotz des von ihm so oft versicherten Gegentheiles, seinen Fall, und fand nicht den Muth, nach dem Rathe seines Bruders Josef: „zur rechten Stunde unterzugehen, wie der letzte Kaiser von Byzanz."

Nach dem Einzug in Paris verlieh der König von Preußen Radetzky den rothen Adlerorden erster Classe a l s B e w e i s d e r Z u f r i e d e n h e i t f ü r a u s g e z e i c h n e t e s B e t r a g e n i n d e m e b e n b e e n d e t e n K r i e g.

Von dem russischen Kaiser darf ein Zug besonderer huldreicher Aufmerksamkeit gegen den hochverdienten Generalstabschef der verbündeten Heere nicht verschwiegen werden, indem er zeigt, wie sehr dieser Monarch es verstand, jene Personen auszuzeichnen, denen er wohl wollte.

Während der acht Monate vom August 1813 bis Ende März 1814 gewahrte man an allen Marschtagen einen hochgewachsenen Gardekosaken auf einem kleinen Pferde dahersprengen An seinem Halse hieng die silberne Feldflasche Alexanders. Er suchte Radetzky, dieser mochte sich nun an der Tête oder Queue einer Colonne oder mitten im heftigsten Kugelregen befinden, parierte und salutierte. Dann nahm er die Feldflasche ab und reichte sie dem General mit den Worten: „Der gute Czar

Alexander schickt Euer Excellenz ein Schnäpschen." Radetzky that einen Zug, gab die Flasche zurück und der Kosak flog mit Windeseile davon. Der Verewigte gedachte nie ohne dankbare Rührung dieser kaiserlichen Herablassung.

Napoleon wurde, wie bekannt, am 1. April abgesetzt und auf die Insel Elba verwiesen. Ludwig XVIII., der den französischen Thron bestieg, schloß sofort mit den Mächten Frieden.

Die Abrüstung war noch nicht einmal erfolgt, als die Nachricht kam, Napoleon sei von Elba mit etwa Tausend seiner Getreuen in Frankreich erschienen und Ludwig der XVIII. nach Gent entflohen.

Der Wankelmuth der Franzosen bereitete dem Rückgekehrten alle möglichen Ovationen, und so hielt Napoleon einen wahren Triumphzug durch Frankreich.

Weil aber niemand der plötzlich erwachten Friedensliebe Napoleons traute, wurde über den Friedensstörer die Acht ausgesprochen.

Radetzky trat wieder an die Spitze des Generalstabes.

Napoleon eröffnete den Krieg. indem er in Belgien einfiel, Blücher bei Leipzig und Wellington bei Belle Alliance oder Waterloo am 16. und 17. Juni, ungestüm angriff und zurückdrängte, und es schien fast, als ob der Glücksstern Napoleons neuerdings aufgienge.

Napoleon hatte eben nichts mehr zu verlieren, konnte aber durch Schlachtenglück alles gewinnen.

Noch war die Schlacht bei Waterloo nicht entschieden; Blücher eilte Wellington zu Hilfe und am Abend des 18. war Napoleon aufs Haupt geschlagen, weshalb auch die Armee der Alliirten nicht weiter einschreiten mußte.

Napoleon eilte nun nach Paris, dankte zu Gunsten seines Sohnes ab und wollte nach Amerika entfliehen.

In aller Eile bestieg er das noch anwesende englische Schiff, und hoffte auf die Großmuth dieser Macht. wurde aber sofort verhaftet und auf Beschluß der Mächte nach St. Helena gebracht, wo er als Kriegsgefangener bis zu seinem Tode (5. Mai 1821) bewacht wurde.

Paris wurde wieder erobert, Ludwig der XVIII. als König neuerdings eingesetzt und am 15. November 1815 der Friede geschlossen.

Radetzky, der stets sein Feldherrntalent leuchten ließ und dessen Ruhm sich immer mehr ausbreitete, wurde fast von allen Potentaten ausgezeichnet, und zwar ernannte ihn Se. Majestät der Kaiser Franz unterm 22. Juni zum wirklichen Geheimen Rath mit dem Rang vom 22. October 1813, als dem Tag, wo er für Leipzig das Großkreuz des Leopoldordens erwarb.

Der russische Kaiser verlieh ihm den Ehrendegen der Tapferkeit und der Großherzog von Baden das Großkreuz des Zähringer Löwenordens.

Am 5. April 1816 ließ der König von Frankreich dem Feldmarschall-Lieutenant Radetzky nachträglich das Großkreuz des Militär-Sanct-Ludwigordens und 1817 auch der Prinz-Regent von England das Großkreuz des hannoverischen Guelphenordens, in Anerkennung seiner Verdienste während der letzten Feldzüge, zustellen. — Sein schönster Lohn aber war die Liebe des ganzen Heeres und die Bewunderung seines Kaisers und aller Zeitgenossen.

Die nun folgenden dreißig Friedensjahre waren für die durch Napoleons Kriege geschwächten Völker, eine glückliche Erholungszeit.

Auch unser Held Radetzky hatte nun Ruhe, und konnte sich von den Kriegsstrapazen erholen. Doch bestand diese Ruhe und Erholung in eigener Weise.

Er war stets beschäftigt und ließ sich stets verwenden.

Sein Monarch der es wusste, dass Radetzky die Arbeit liebe, verwendete ihn überall, wo dessen Geschicklichkeit und Scharfsinn benöthigt wurde.

So finden wir Radetzky vom Jahre 1816 bis 1818 als Cavallerie-Divisionär in Odenburg.

Im Jahre 1819 ward er nach Wien berufen um vor dem dort anwesenden Kaiser Alexander, seinem erhabenen Gönner, einige größere Cavalleriemanöver auszuführen, bei welcher Gelegenheit er, unterm 4. Juni den russischen Ehrendegen der Tapferkeit in Brillanten erhielt.

Diese Manöver weckten in unserm Helden den trefflichen Gedanken, solche Übungen als Schule für den Krieg, in regelmäßigen Zeiträumen vornehmen zu lassen, welche Idee er später auch verwirklichte.

Im Jahre 1821 war Radetzky dem Commandierenden in Ungarn, Erzherzog Ferdinand d'Este als Adlatus zugetheilt.

In dem Schreiben, welches der Erzherzog diesfalls an unsern Helden richtete, und ihm seine neue Anstellung bekannt gab, versicherte er: „Daß es ihm besonders angenehm sei, sich ihn so nahe gestellt zu wissen."

In die Zeit seiner Anstellung zu Ofen fällt auch jener Scheinkampf, worin Radetzky im Beisein Sr. Majestät des Kaisers Franz den einen Truppentheil, der Erzherzog Ferdinand den andern befehligte, und ersterer so geschickt manövrierte, daß als der Kaiser am Schluß der Production mit gewohnter Herablassung und richtigem Blick seine Zufriedenheit laut ausgesprochen hatte, er sich zu dem Erzherzog Ferdinand wendete, und lächelnd bemerkte: „Mein lieber Vetter! Wenn es Ernst gewesen wäre, würden Sie übel weggekommen sein."

Gleichzeitig war Radetzky literarisch thätig, und schrieb sowohl über militärische Angelegenheiten, als auch über Pferdezucht, Ökonomie, Gartenbau, Technik und Politik, und sind viele seiner Schriften selbst heute noch höchst beachtenswerth.

Am 18. Februar wurde er General der Cavallerie, und bald darauf Festungscommandant in Olmütz.

Doch das Leben eines Commandanten in einer fast bedeutungslosen Festung paßte nicht zu Radetzky's noch immer feurigem Wesen.

Als im Jahre 1830 in Frankreich die sogenannte Juli-Revolution ausbrach und Österreich eine ansehnliche Armee in Italien concentrierte, bereitete der Monarch unserm Helden die Freude und übergab ihm den Oberbefehl über diese. —

Wenn es wahr ist, daß die Geschicke der Staaten in der Hand des Höchsten ruhen, so darf man kühn behaupten, daß sich hier die Vorsehung deutlich ausgesprochen habe. Jedenfalls aber blieb solches eine jener glücklichen Eingebungen, welche nie verfehlen, große Erfolge zu sichern und das Loos von Ländern und Völkern fest zu stellen. Denn nur sein feiner Takt, seine Leutseligkeit und Energie vermochten es, wie wir bald sehen werden, mitten unter den politischen Stürmen, welche über einzelne Länder dahin brausten, und auch Italien nicht verschonten, die Ruhe im Lombardisch-Venetianischen wenigstens durch eine Reihe von Jahren ungetrübt zu erhalten. —

Bei dieser Gelegenheit erhielt Radetzky am 10. Februar 1832 das Großkreuz des Sanct-Mauriz- und Lazarusorden dem erst 1838 der Anunciadeorden folgte.

Unterm 12. December 1833 hatte auch Ihre Majestät die Herzogin von Parma den Marschall mit dem Senatorgroßkreuz des Konstantin und Georgsordens geschmückt.

Auf einem Posten, den die politischen Verhältnisse jener Zeit doppelt schwierig machten, wirkte Radetzky nach allen Richtungen in einer Weise, welche ihm die allgemeine Bewunderung und Liebe, ja sogar das Vertrauen jener erwarben, die zu den Gegnern der Regierung zählten.

Allseitig pries man sein würdevolles Benehmen, seinen Edelmuth, seine Herablassung, seine Milde.

Anderseits erwarb er sich durch unausgesetzte Sorgfalt für alle Bedürfnisse des Soldaten, die Liebe und das Vertrauen desselben, wie vielleicht kaum ein Feldherr vor ihm in Österreich, den Erzherzog Karl etwa ausgenommen.

Die Armee zollte ihm eine fast abgöttische Verehrung und bewies ihm die rührendste kindliche Anhänglichkeit.

Streng, aber im hohen Grade gerecht und billig, einfach, ohne allen Prunk, mäßig, besorgt und für jedermann zugänglich, war er das Urbild eines Feldherrn und erinnerte unwillkührlich an jene Heroen, von denen wir in den alten Heldenbüchern lesen.

Jetzt war Radetzky wieder in dem Fahrwasser, welches er liebte.

Schon 1833 übergab er seine längst ausgearbeitete Manövrier- und Feldinstruction zur probeweisen Einübung der Truppen und nachdem die Schulung erfolgt, ließ er ein Lager beziehen, um dieselbe praktisch zu erproben.

Hiedurch wurde das Bild des Krieges veranschaulicht, indem eine Abtheilung den Feind zu markieren hatte, und da auf diesen

Plätzen wirkliche Schlachten geschlagen waren, so konnten die gemachten Fehler leicht erkannt werden.

Im Herbste 1834 fand das erste derartige Manöver zwischen der Etsch und dem Mincio statt, und wurde hiedurch durch Radetzky der Anlaß zu den noch jetzt stattfindenden Herbstmanövern gegeben.

Wenn einzelne die Mühe, die sich unser Held bei diesen Übungen gab, als von geringem Nutzen erklärten, sagte Radetzky kurz: „Die Zeit wird kommen, wo wir den Nutzen unserer gemeinschaftlichen Übungen ernten werden; an der Spitze meiner braven Truppen sehe ich jetzt jedem Ereignisse getrost entgegen; das weiß ich, daß in den höchsten militärischen Tugenden: Treue und Gehorsam gegen den Kaiser, vielleicht keine Armee der österreichischen gleichkommt. Ob ich die Wahrheit gesprochen, wird die Zukunft lehren."

Und wahrlich — sie hat es gelehrt! —

Im Winter 1834 auf 1835 litt der sich den Siebzigern nähernde Feldmarschall an heftigem Husten und zeitweiser Diarrhoe. Eine sichtbare Abnahme der Kräfte weckte um so größere Besorgnisse, als sich auch in seinem ganzen Wesen eine sichtbare Verstimmung kundgab.

Langsam ermannte sich jedoch Geist und Körper wieder.

Und so mußte es auch wohl sein, denn die Vorsehung hatte ihn ja zu Höherem bestimmt. — Wenn auch fortan weniger heiter, zurückhaltender und mehr ein Freund des Alleinseins, gewann er doch nach und nach die frühere Schwungkraft wieder, und sein reger Geist erfaßte, wie vordem, mit jugendlicher Frische eine Reihe von Entwürfen, die alle nur eines, „das Beste des Staates und Heeres" bezweckten.

Da traf ihn ein neuer schwerer Schlag: der Tod des Kaisers Franz. Von diesem strengrechtlichen, gewissenhaften und in hohem Grade einfachen Monarchen vielfach ausgezeichnet, hatte er demselben durch 43 Jahre in Leid und Freud mit unerschütterlicher Hingebung gedient, und ihm eine Treue und Verehrung geweiht, die nur jene ganz begreifen, welche die Tiefen dieses lauteren Gemüths vollständig zu ergründen so glücklich waren. Die Regierung dieses hochverehrten, im Leben so überaus geliebten

Kaisers, gehört nunmehr der Geschichte an und liegt abgeschlossen hinter uns. Die seitherigen großen Weltereignisse haben jene ferne Zeit schon fast verdrängt. Hoffen wir, daß dieser unvergeßliche Monarch bald einen seiner würdigen Biographen finden möge.

Im Jahre 1835 bestieg in Österreich Kaiser Ferdinand I. der Gütige, den Thron und blühten unter dessen milder Regierung Kunst, Wissenschaft, Handel und Gewerbe.

Radetzky war stets ein Vater und Berather seiner Soldaten; er kannte und liebte sie, wie seine Kinder. Aber auch er wurde von ihnen geliebt und grenzenlos war der Jubel, als am 17. September 1836 Radetzky zum Feldmarschall ernannt wurde.

Diese Ernennung erfolgte gelegentlich der Krönung des Kaisers Ferdinand zu Prag. Es hatte daher nach 52 Dienstjahren der Held Radetzky die höchste militärische Würde erreicht. Zwei Jahre später, am 14. September 1838 bei der Krönung zu Mailand verlieh ihm sein gnädiger Kaiser, nebst einem schmeichelhaften Handschreiben, die erste Classe des Ordens der eisernen Krone.

Im Jahre 1839 verlieh der Papst dem Feldmarschall, der seit neun Jahren gewiß sehr viel für die Legationen that, das Großkreuz des Sanct-Gregorordens.

Kaiser Nikolaus überraschte den Feldmarschall mit den Insignien des Andreasordens.

Im Jahre 1846 besuchte der russische Kaiser Mailand und überreichte persönlich dem greisen Marschall die diamantenen Insignien des Andreasordens. Auch der Herzog von Lucca überreichte im August 1846 dem Marschall das Ordenszeichen erster Classe seines Militär-Sanct-Georg-Ordens.

Im Jahre 1848 brach in Paris die Revolution aus, deren böses Beispiel fast alle Staaten ansteckte.

Die Italiener stets unzufrieden, begannen in Mailand zu revoltieren um die Herrschaft der Österreicher abzuschütteln.

Am 12. Jänner brach die, alle bestehende Ordnung stürzende Revolution in Sicilien aus. Toscana, Rom und Piemont folgten dem Beispiele.

So kam die Gefahr für Österreich immer näher und war von Radetzky vorhergesehen, weshalb er um Verstärkungen bat.

Mit unverstellter Bewunderung folgte Radetzky dem Aufschwung der Tiroler, die in der Voraussicht des Bedarfes sich sammelten. Nach und nach organisierten sich etwa 60 Compagnien Landesschützen, die nach der Väter Weise im Verein mit den im Lande stehenden 7 Bataillonen, und 4 Escadronen, die Vertheidigung der geliebten Heimat übernahmen. Sogar von Wien eilten Tirolerjünglinge ihren Bergen zu, geführt von dem wackern Jubelpriester Joachim Haspinger, der, fast so alt wie Radetzky, die Kämpfe mitgefochten hatte am Ende des vorigen Jahrhunderts, neben Andreas Hofer 1809 im dichtesten Kugelregen am Berg Isel stand und, mit dem goldenen Verdienstkreuz geschmückt, nur sieben Tage nach dem Feldmarschall (am 12. Jänner 1858) zu Salzburg eingegangen ist zur ewigen Ruhe.

Wenn die Erhebung der Tiroler 1848 auch nicht den großartigen Charakter von 1703 und 1809 trug, so wird dennoch die dankbare Erinnerung an dasjenige, was selbe auch diesmal leisteten, fort und fort leben in der Brust jedes Österreichers und ihnen ein schönes Blatt in den vaterländischen Annalen sichern.

Radetzky warnte vor den Absichten des sardinischen Hofes, doch wollte niemand glauben, dass ein König die Revolution begünstigen werde, und man hielt den Helden für — furchtsam. Bald jedoch sah man, wie unser Marschall auch diesmal Recht hatte.

Jetzt erhielt Radetzky endlich den Befehl, das lombardisch-venetianische Königreich gegen jeglichen Angriff zu schützen; er erließ deshalb am 15. Jänner den Armeebefehl, in welchem er vorerst die Befehle des Kaisers bekannt gab, dann aber sagte:

„...... Soldaten! ...... An Euerer Tapferkeit und Treue wird das Getriebe des Fanatismus und treuloser Neuerungssucht zersplittern, wie am Fels das zerbrechliche Glas.

Noch ruht der Degen fest in meiner Hand, den ich durch 65 Jahre mit Ehre auf so manchem Schlachtfelde getragen; ich werde ihn gebrauchen, um die Ruhe eines jüngst noch glücklichen Landes zu schützen, das nun eine wahnsinnige Partei in unabsehbares Elend zu stürzen droht.

„Soldaten! unser Kaiser zählt auf uns."

„Euer greiser Führer vertraut auf Euch! Das ist genug. — Möge man uns nicht zwingen, die Fahne des Doppelaars zu entfalten. Die Kraft seiner Schwingen ist noch nicht gelähmt!"

Unsere Truppen empfingen diesen Befehl mit Jubel, und wurde die Kriegslust bei Allen noch mehr geweckt, wodurch die abtrünnigen Italiener in immer größere Wuth geriethen.

Als dann die Pariser Februar-Revolution ausbrach und von derselben den Rebellen aller Staaten Hilfe versprochen wurde, — als endlich selbst in Wien am 15. März das Staatsgebäude zusammenbrach, begann der Aufstand, der noch leicht unterdrückt worden wäre, wenn nicht Karl Albert der sardinische König treulos und in feindseliger Absicht, mit seinem Heere unsere Grenzen überschritten hätte.

Als am 18. März in Mailand, die Unruhe im Volke zunahm, und die Gefahr zu steigen begann, befahl Radetzky den Truppen, in Bereitschaft zu bleiben. Um 10 Uhr wurde am Broletto, einem festungsartigem, großen Gebäude, die italienische Tricolore aufgepflanzt. Gleichzeitig erhielten die Italiener Waffen vertheilt, bauten aus dem Straßenpflaster Barricaden und nahmen den Civilgouverneur Grafen O'Donnel gefangen.

So jagte ein Ereignis das andere; die Meldungen wurden von Stunde zu Stunde schlimmer. Endlich gab Radetzky den Befehl zur Allarmierung und sagte: „Nun, in Gottes Namen vorwärts."

Gleich darauf donnerten die Kanonen und wenige Minuten später stand die Garnison Mailands kampfbereit.

Die Rebellen führte ein gewisser Lechi, der unter Napoleon I. als General diente; seine Adjutanten waren junge, vornehme Mailänder.

Der Straßenkampf währte schon fünf Tage und hätte, da die Garnison Mailands zu schwach war, um größere Erfolge erzielen zu können, mit der endlichen Vernichtung der Österreicher geendet, deshalb ließ Radetzky, nachdem er durch die Einnahme des Broletto's den Rebellen großen Schaden zugefügt, die Officiers- und Beamtenfrauen, sowie viele deutsche Bewohner Mailands, die sonst der Volkswuth ausgesetzt gewesen wären, gesichert entfliehen und ordnete dann den Rückzug der Truppen an, welcher denn auch, in der Stille der Nacht, mit größter Ruhe bewerkstelligt wurde.

Am andern Morgen, als die Mailänder den Abzug der Österreicher bemerkten, brachen sie in grenzenlosen Jubel aus und stürmten die nunmehr unbesetzten Thore.

Karl Albert unterstützte aus dem Grunde die Revolution, weil er sicher hoffte, daß beim Gelingen, die Lombardie und Venedig ihm zufallen würden.

Nach dem Abzuge aus Mailand sagte Radetzky zu seinen Soldaten: „Ich that dies aus höheren Rücksichten der Kriegskunst als General; denn Ihr seid nicht besiegt und werdet es auch nicht werden! Wir werden zur rechten Zeit wiederkehren, und dann wollen wir strenge Rechnung halten mit unseren Feinden!"

So kam Radetzky mit seinen Truppen vor dem Städtchen Melegnano an, wo ein bewaffneter Haufe italienischen Gesindels den Helden aufforderte — die Waffen niederzulegen und sich zu ergeben.

Radetzky lachte über die Frechheit, — als aber die Bewohner der kleinen Stadt einen Obersten, der Vorbereitung zur Lagerung treffen wollte, gefangen nahmen und tödten wollten, ließ er die Stadt in Brand schießen, stürmen und plündern.

Diese den Rebellen ertheilte Lection trug ihre Früchte, denn kein anderer Ort wagte es mehr, den Marsch unserer Truppen zu hemmen, die nun wie im Frieden, ihren Weg fortsetzten.

Am 23. März erklärte Karl Albert nachträglich an Österreich den Krieg; am 24. hatten die Rebellen bereits in allen Städten die Oberhand, nur in Venedig waren österreichische Truppen, doch auch diese mußten capitulieren.

Der 82jährige Heldengreis Radetzky verlor den Muth nicht, er sah stolz auf seine Soldaten und sagte: „Schauen wir uns nach ein paar Wochen wieder im Lande um; — ich glaube kaum, daß dann noch die Tricolore der Rebellen auf den Zinnen wehen wird."

Und wirklich, schon nach wenigen Tagen rief Radetzky: „Vorwärts, Kinder!" und marschierte im Fluge gegen Verona alle sich in den Weg stellenden feindlichen Truppen zurück werfend

Am 7. April erhielten die Piemonteser durch den tapferen Benedek bei Marcaria eine kleine Lection und am 9. bei Goito. Hier fielen zwei Enkel des Sandwirts, beide im Kaiserjäger=Regiment, nur wenige Stunden von der Stelle, wo ihr wackerer Großvater für Kaiser und Vaterland seine muthige Brust den französischen Kugeln darbot.

Vor Verona stand die Armee Karl Albert's.

Am 6. Mai griff der Feind die Stellung der Österreicher auf der Linie Santa Lucia bis Croce bianca an, und vor den Mauern Veronas erfocht unser Marschall den ersten Sieg.

Der Entschluss mit 16.000 Mann einem dreimal stärkeren Feind unter den damaligen Umständen entgegen zu gehen, kann als einer der großartigsten bezeichnet werden, von welchem die Kriegsgeschichte kaum ein zweites Beispiel aufzuweisen hat. Aber Radetzky kannte sein unvergleichliches Heer. Zwar noch öfter in späterer Zeit musste er abermals an dessen Muth und Hingebung appellieren; bei Curtatone, Custozza, Volta, vor Mailand und bei Novara, wirkte dieses Heer Wunder. Aber jenes Vertrauen, welches der Marschall am Tage von Santa Lucia in seine Truppen und deren Führer setzte, steht einzig da in allen Phasen dieses Krieges und ist unseres Wissens bisher noch nirgends in gebührendem Grade hervorgehoben worden.

Diese Schlacht ist ebenso bewunderungswert durch die Einfachheit ihrer Anordnung, die haushälterische Verwendung der Kräfte, die kalte Ruhe und beispiellose Tapferkeit von Generälen, Officieren und Soldaten, als hochwichtig durch ihr Resultat, und hätte vielleicht noch größeres gebracht, falls das zweite Armeecorps am Nachmittage rascher vorgegangen und den ihm gegenüberstehenden schwachen Feind geworfen hätte. Sie wird für alle Zeiten ein Muster bleiben, wie Defensivschlachten geführt werden müssen. Selbe hat, wo nicht Alles entschieden, so doch die Bahn für alle weiteren Operationen in einer Art vorbereitet, dass an deren Gelingen kaum noch zu zweifeln war.

In einem mörderischen Kampfe von 9 Uhr vormittag bis 5 Uhr abends, wobei fast die letzte Reserve ins Gefecht kam, erwies es sich auf's Neue, daß die gerechte Sache triumphieren müsse, über Verrath und Hinterlist.

Das Selbstvertrauen des Soldaten war gehoben, als es gewahrte, wie die Prinzen des Kaiserhauses an seiner Seite fochten. Seine Brust pochte lauter, sein Muth flammte höher auf, beim Anblick jener tapferen Erzherzoge, die um der heillosen Verwirrung und einer ihrer unwürdigen Stellung zu entgehen, das Feldlager aufgesucht hatten.

Österreichs jetziger Beherrscher, damals nicht volle 18 Jahre alt, erhielt die Feuertaufe an der Seite des greisen Marschalls.

Die Flucht der Italiener nach dieser Schlacht war derartig, daß sie Waffen, Montursstücke ja sogar Lebensmittel, die sie im Laufen hinderten, wegwarfen und den Österreichern überließen.

Unter den Tapfersten des Tages wurde auch der damalige Erzherzog Franz Josef genannt. — Mitten im Kugelregen stehend, verzog er keine Miene sondern blieb felsenfest zu Pferde in der Mitte seiner Österreicher.

Radetzky hatte zu wenig Truppen, um den errungenen Sieg sofort auszunützen; doch als am 25. Mai Graf Nugent mit seinem Corps in Verona eintraf, ergriff er die Offensive und marschierte am 27. vorwärts.

Unser Marschall hatte sich „seinen Heß" zum Generalquartiermeister erbeten, den er auch erhielt; ihm zur Seite finden wir ferner den gewandten Schönhals als Generaladjutanten, den berühmten Artilleriechef Stwrtnik und den wackeren Armeeintendanten Grafen Pachta.

Ein so zusammmengesetzter Stab ließ das Beste hoffen.

Heß verfaßte die tief durchdachten Entwürfe zur Ergreifung der Offensive. Stwrtnik arbeitete an der entspechenden Ausrüstung der Batterien und Munitionsreserven; Schönhals aber schrieb jene begeisternden Armeebefehle, deren demosthenisches Feuer die Soldatenbrust höher hob und entflammte.

Was diese drei Männer insbesondere, dem Verewigten gewesen, hat er jederzeit selbst in seiner Dienstcorrespondenz offen bekannt. — Wenn etwas den Marschall noch höher hätte stellen können, so wäre es seine großartige Selbstverleugnung, sein erhabenes Billigkeitsgefühl gewesen.

Zu edel, um jemand zu beneiden, zu gewissenhaft, um den Ruhm eines andern sich anzueignen, wusste er durchaus nicht, was es hieße, fremdes Verdienst zu schmälern.

So schrieb Radetzky kaum eine Stunde nach dem Sieg bei Novara an die liebenswürdige Gemahlin seines Generalquartiermeisters: „Wir schlugen den Feind. Und wenn der Ruhm des Tages mir zugeschrieben wird, Er (Heß) hat ihn, nur ihm gebührt das ganze Verdienst."

Ein kühn in einer Nacht ausgeführter Flankenmarsch brachte die österreichische Armee nach Mantua.

Am 29. griffen die Österreicher die Verschanzungen von Curtatone und Montanara an, und obwohl die Toscaner sich tapfer hielten, mussten sie endlich bei Curtatone den anstürmenden Österreichern weichen.

Regellos war auch hier die Flucht der Italiener, obwohl am rechten Flügel der Kampf bei Montanara forgeführt wurde.

Endlich war auch hier der Sieg unser, und wurde der italienische Commandant Langier auf der Flucht von seiner eigenen Cavallerie niedergeritten.

Die Österreicher erbeuteten in dieser Schlacht fünf Kanonen sammt Munitionskarren und 2000 Gefangene.

An Radetzky's Seite war stets Erzherzog Franz Josef, der sich schon damals die Liebe aller Soldaten erwarb.

Die folgenden Tage lieferten bloß kleinere Gefechte, bis am 10. Juni Vicenza von drei Seiten angegriffen wurde

Erst nach fünfstündigem Kampfe wagte es der Feind die Offensive zu ergreifen. und am Abend rief die ausgesteckte weiße Fahne den Österreichern zu, daß Vicenza capituliere.

Die Stadt und Festung hatte sich auf Gnade und Ungnade ergeben.

Nach dem Falle Vicenza's ergab sich auch Padua.

Treviso wurde nach zwölfstündigem Bombardement erobert, wobei nebst vielen Waffen 36 Kanonen in unsere Hände fielen.

Das linke Po-Ufer war somit vom Feinde gesäubert.

Karl Albert's Armee floh, wo es nur hieß: Radetzky rücke heran.

Als diese Erfolge erzielt waren, gieng Radetzky nach Verona, um seinen braven Truppen eine gute Verpflegung zu sichern.

Nun wurde unter deſſen Leitung mit Heß, Schönhals u. a. ein Kriegsrath gehalten und der weitere Operationsplan entworfen. So kam der 23. Juli und Radetzky ſah den Zeitpunkt gekommen, einen Hauptſchlag gegen Karl Albert zu führen.

Raſch waren die Schanzen von Sona und Somma campagna geſtürmt, hiedurch das feindliche Centrum geſprengt und das II. italieniſche Armeecorps total geſchlagen.

Bei dem Sturme am 24. Juli zeichnete ſich das ungariſche Infanterie-Regiment Erzherzog Ernſt beſonders aus.

Die Italiener beſetzten nun die Höhen von Cuſtozza und hofften durch die dominierende Lage, des Sieges ſicher zu ſein.

Am 25. Juli eröffnete Karl Albert den Kampf, doch bald mußte er ſich auf die Defenſive beſchränken, denn die Angegriffenen wurden die Angreifer, die ſieggewohnten Öſterreicher, die in dieſem Terrain ſchon öfter manövrierten, die Vor- und Nachtheile der Poſitionen kannten, und in deren Mitte der Heldengreis Radetzky war, hatten am Abend desſelben Tages auch die italieniſche Hauptarmee geſchlagen.

Die ganze Bedeutung des eines der ſchönſten Blätter in der vaterländiſchen Kriegsgeſchichte bildenden Sieges von Cuſtozza wird erſt die Nachwelt feſtſtellen. Wenn die Augen aller jener ſich geſchloſſen haben, welche an dieſem denkwürdigen Tag Theil nahmen, wenn das Grab dereinſt alle Anſprüche, alle Scheelſucht der Einzelnen decken wird, dann erſt kann die Geſchichte ihr volles Recht üben, und mit gleicher Unparteilichkeit nach beiden Seiten, auch die einzelnen hervorragenden Punkte dieſes Rieſenkampfes, kurz all' dasjenige, was noch dunkel bleibt, gehörig beleuchten. Denn manche Einzelheiten dieſer Tage harren noch ihrer Aufklärung.

Für den Sieg von Cuſtozza überſendete der huldvolle Monarch dem Feldmarſchall das Großkreuz des Maria-Thereſienordens, und zwar in denſelben Inſignien, die Kaiſer Ferdinand bis dahin ſelbſt getragen hatte.

Das Allerhöchſte Handſchreiben lautete:

Innsbruck, am 28. Juli 1848.

„Lieber Graf Radetzky! Die glänzenden Siege von Sommacampagna und Coſtozza haben Mich mit Bewunderung und

Freude erfüllt. Ich glaube der tapferen Armee in Italien keinen größeren Beweis Meiner Anerkennung geben zu können, als indem Ich dem ruhmwürdigen Feldherrn das Großkreuz Meines militärischen Maria-Theresienordens verleihe, dessen Insignien Ich Ihnen hiemit durch Meinen Oberstlieutenant Graf Crenneville übersende. Möge dieses höchste Ehrenzeichen eines Kriegers, Ihre tapfere Brust noch lange Jahre zieren, und Ihre Thaten, dem österreichischen Heere zum Vorbild dienen."

Dieser warme und aufrichtige Wunsch des Monarchen ist in Erfüllung gegangen.

Der russische Kaiser übersandte dem Sieger den Militär-Sanct-Georgsorden erster Klasse mit folgendem Schreiben:

„Nachdem Wir mit steter Aufmerksamkeit den Bewegungen der Truppen folgten, die Ihrem Oberbefehle zur Aufrechthaltung der legitimen Rechte Ihres Monarchen anvertraut sind, und nunmehr Kunde erhielten von den glänzenden Siegen, die sie bei Sommacampagna und Costozza erfochten; haben wir es für gerecht erachtet, Sie zum Ritter erster Classe des Ordens des heiligen Großmärtyrers und Siegbringers Georg zu ernennen, dessen Insignien Wir Ihnen hiemit übersenden.

Indem Wir durch diese höchste militärische Auszeichnung in Unserem Reiche, einen neuen Beweis Unserer ganz besonderen Anerkennung Ihrer langjährigen und ruhmreichen, durch so glänzende Waffenthaten bezeichneten Dienste zu bekunden wünschen, verbleiben Wir Ihnen für immer gewogen. Peterhof den 19. August 1848."

Auch König Ernst August von Hannover, ein warmer Verehrer der österreichischen Armee bis an seinen Tod, ließ dem Feldmarschall den Sanct-Georgsorden überreichen.

Karl Albert floh mit seinen Truppen verzweifelnd nach Goito, und von da sofort weiter, um nur so schnell als möglich aus dem Bereiche der Österreicher zu kommen.

22 Jahre später, am 24. Juni 1866, erfocht, wie bekannt, unser Feldmarschall Erzherzog Albrecht, der Erbe der Heldentugenden und des Heldenmuthes Radetzky's, einen ebenso herrlichen

als ruhmreichen Sieg über die bei weitem überlegene italienische Armee.

Bei Volta versuchte es Karl Albert zum letzten Male, seine verlorenen Stellungen am Mincio wieder zu erlangen, doch auch hier mußte er den ungestümen Angriffen der Österreicher weichen.

Nun erbat er einen Waffenstillstand zur Erholung und um den Frieden einzuleiten, in Wahrheit aber, um seine Armee zu sammeln. — Da Karl Albert die gestellten Bedingungen nicht annahm und sich zurückzog, folgte unsere Armee demselben. So war er über die Adda nach Mailand gezogen. Kurz darauf war auch Radetzky mit 60.000 Mann und 200 Kanonen vor Mailand und es entspann sich neuerlich ein heftiger Kampf, der schließlich zu Gunsten der Österreicher endete.

Am 6. Mai zogen die Österreicher wieder in Mailand ein und lösten das beim Abschied verpfändete Wort in der ritterlichsten Weise. Vierzehn Tage nach dem Aufbruch von Verona bezogen wieder Österreicher die Thore jener Stadt, die in ihrem rebellischen Übermuthe die österreichischen Officiere und deren Familien gröblichst insultiert hatte.

Welch' hohe Befriedigung für jene Tapferen, die vor 19 Wochen der Verrath aus Mailand vertrieb, nunmehr wieder als Sieger einzuziehen. Sie kamen nicht nur als Sieger, sie wurden als Befreier heiß ersehnt und inständig gerufen, und zwar durch die Stadtbehörde selbst, um der eingerissenen Unordnung zu steuern und weiteren Schrecknissen vorzubeugen.

In dieser Lage befand sich wohl selten eine Armee.

Der Marschall nahm sein Quartier in der Villa reale.

Von seinen im Palast Arconate zurückgelassenen Büchern, Landkarten und Schriften konnte nur einzelnes wieder aufgefunden werden.

Die Plünderung in den Märztagen, welche so viele k. k. Officiere überaus schmerzlich traf, hatte auch ihn nicht verschont.

Damals schrieb der Marschall an einen Kriegskameraden: „Die schöne Karte von Deutschland, welche Sie mir adjustierten, hat leider auch der Teufel geholt."

Historisch merkwürdig bleibt Radetzky's Bericht an seinen Kaiser, die Einnahme Mailands betreffend:

„Die Stadt Mailand ist unser! Sie hat sich der Gnade Eurer Majestät ergeben und ich bin heute Mittag mit meiner tapferen Armee in selbe eingezogen. Die piemontesische Armee hat die Stadt heute Nacht verlassen und ist, mittelst einer gestern noch mit ihr und der Stadt geschlossenen Convention, bis Morgen abends über den Ticino, mithin außerhalb der Grenzen von Euer Majestät Gebiet. Die Armee hat vor zwei Wochen von Verona aus die Offensive ergriffen. Sie hat während dieser Zeit bei Sommacampagne, Custozza, Volta, Cremona, Pizzighetone und zwei Tage vor Mailand siegreiche Schlachten und Gefechte geliefert und ist nun den vierzehnten Tag Herr der lombardischen Hauptstadt.

Die Armee und ihre Führer glauben somit ihre Schuldigkeit für ihren geliebten Kaiser und das theure Vaterland treulich erfüllt zu haben, den kein Feind steht mehr auf lombardischen Boden." —

Der Feldmarschall dankte in warmer Ansprache seinen braven Truppen für alles, was selbe bisher erduldet und geleistet, und sendete zehn dem Feind abgenommene Fahnen nach Wien, woselbst sie in einem Saale des Kriegsgebäudes öffentlich aufgestellt wurden.

Während dem folgenden Winter sorgte Radetzky in ausgiebigster Weise für seine Kinder, die Soldaten.

Am 16. März 1849 kam ein piemontesischer Stabsofficier mit einer Depesche ins Hauptquartier Radetzky's.

Die Depesche enthielt die Kündigung des Waffenstillstandes, welche Nachricht sofort dem Heere mitgetheilt, den grenzenlosesten Jubel hervorrief.

Führer der Italiener war diesmal der Pole Chrzanowski, doch konnte derselbe trotz Verheißung glänzender Siege über die Österreicher seine Truppen nicht begeistern.

Der Feldmarschall aber erließ nachstehenden Tagesbefehl:

„Soldaten! Euere heißesten Wünsche sind erfüllt. Der Feind hat uns den Waffenstillstand aufgekündet. Noch einmal streckt er seine Hand nach der Krone Italiens aus. Doch er soll erfahren, daß sechs Monate nichts an eurer Treue, an eurer Liebe für euern Kaiser und König geändert haben. Als Ihr aus den Thoren von Verona zoget, und, von Sieg zu Sieg eilend, den Feind in seine Grenzen zurücktriebt, gewähret Ihr ihm großmüthig einen Waffenstillstand, denn er wollte den Frieden unterhandeln. So sagte er. Doch statt dessen hat er sich zu neuem Kampf gerüstet. Den Frieden, welchen wir ihm großmüthig boten, wollen wir nun in seiner Hauptstadt erzwingen.

„Soldaten! Der Kampf wird kurz sein. Es ist derselbe Feind, den ihr bei Santa Lucia, bei Sommacampagna, bei Costozza, bei Volta, und an den Thoren von Mailand besiegt habt. Gott ist mit uns! Denn unsere Sache ist die gerechte.

Auf also Soldaten! Noch einmal folgt eurem greisen Führer zu Kampf und Sieg. Ich werde Zeuge eurer tapferen Thaten, und es wird der letzte Act meines langen Soldatenlebens sein, wenn ich in der Hauptstadt eines treulosen Feindes die Brust meiner wackeren Gefährten mit dem blutig und ruhmvoll errungenen Zeichen ihrer Tapferkeit werde schmücken können. Vorwärts also Soldaten! Nach Turin lautet die Losung. Dort finden wir den Frieden. Es lebe der Kaiser! Es lebe das Vaterland!"

Durch ein sofort ausgeführtes Scheinmanöver gelang es Radetzky vollständig die Italiener zu täuschen, und so war die Überraschung derselben desto größer, als plötzlich von drei verschiedenen Seiten, österreichische Heersäulen am 19. März vor Pavia erschienen.

Am 20. Mittags, war der Waffenstillstand abgelaufen.

Als die Thurmuhr in Pavia die Mittagsstunde meldete, riefen in freudigster Aufregung die österreichischen Soldaten: „Auf nach Turin."

Feldzeugmeister D'Aspre eröffnete mit dem II. Armeecorps die Schlacht, aber schon nach wenigen Schüssen, flohen die italienischen Schützen gegen die Brücke von Mezza corte und begannen dieselbe abzubrechen.

Durch diesen Angriff war die italienische Gefechtslinie getheilt und stand unsere Armee in der rechten Flanke der Italiener, die die Österreicher auf dem Rückzuge wähnten.

Am 21. März ließ Radetzky seine Truppen erst abkochen und sich stärken, dann aber vorwärts maschieren.

Wo sich italienische Truppen zeigten, wurden sie geworfen.

Bei Mortara verloren dieselben durch Erzherzog Albrecht, dem Erstgeborenen des Erzherzogs Karl, der seinem großen Vater ähnlich, Wunder der Tapferkeit verrichtete, die Schlacht; indem derselbe Mortara mit Sturm nehmen ließ.

Der erlauchte Vater war nicht mehr so glücklich, die Lorbeeren des Sohnes zu erblicken. Seit drei Jahren ruhte er schon in der kühlen Gruft. Aber sein Schatten hatte ihn gewiß umschwebt.

Durch diese Schlacht war der Feind von seiner Rückzugslinie abgeschnitten.

Feldmarschall-Lieutenant Heß sagte bei dieser Gelegenheit:

„Das war Radetzky's Meisterstück; — ich will nicht Heß heißen, wenn wir den Feind jetzt nicht ganz zusammenhauen!"

Am 23. März war die denkwürdige Schlacht bei Novara wo der erlauchte Erzherzog Albrecht wie bei Mortara durch bewunderungswürdigen Heldenmuth trotz großer Übermacht die Feinde angriff, und als Graf Thurn die rechte Flanke derselben mit Umgehung bedrohte, warf.

Auf die Meldung, daß der Feind fliehe, sagte Radetzky:

„Das haben sie ja im Vorjahre gelernt, warum sollten sie es heuer nicht mehr können?!"

Karl Albert stand während dieser Schlacht im heftigsten Kugelregen, er wollte den Tag nicht überleben; doch der Tod verschonte ihn, weshalb er noch in derselben Nacht zu Gunsten seines Sohnes Victor Emanuel abdankte.

Die Italiener sollten sofort weiter verfolgt werden, doch wurde von denselben eine Waffenruhe erbeten.

Als dann die Zusammenkunft Radetzky's mit dem neuen König Victor Emanuel in Vignale bei Novara erfolgte, wurde der Waffenstillstand verhandelt.

Hierauf erließ Radetzky am 23. folgenden denkwürdigen Armeebefehl:

„Soldaten! Ihr habt euer Wort rühmlich eingelöst. Ihr habt einen Feldzug gegen einen an Zahl euch überlegenen Feind begonnen und in fünf Tagen siegreich beendet. — — —

Soldaten! Unser hartnäckiger Feind, Karl Albert, ist vom Throne gestiegen; ich habe mit seinem Nachfolger, dem jungen Könige, einen rühmlichen Waffenstillstand geschlossen, der uns Bürgschaft für den baldigen Abschluß des Friedens gewährt!

Soldaten! Mit Jubel hat uns — Ihr ward Zeugen davon — das Land unseres Feindes empfangen, das in uns die Retter vor Anarchie und keine Unterdrücker erblickt."

Nachdem also Victor Emanuel bereitwilligst alle Bedingungen angenommen, kehrte Radetzky befriedigt nach Mailand zurück.

Brescia wurde nun von General Haynau's Braven, mit Sturm genommen; auch der Papst wurde wieder in seine Rechte eingesetzt, nur Venedig wollte sich den Österreichern nicht ergeben.

Als jedoch das Bombardement der Stadt angeordnet und durchgeführt wurde, erfolgte am 22. August die Capitulation und am 30. hielt Radetzky auch in dieser Stadt seinen Einzug.

So war das letzte Bollwerk der Revolution gefallen.

Am 6. August wurde der Friede mit Victor Emanuel geschlossen.

Italien wurde in seltener Großmuth in seinen alten Grenzen belassen, nur mußte dasselbe 75 Millionen Lire an Kriegsentschädigung zahlen.

Österreichs hochsinniger Kaiser, den der Feldmarschall in das Waffenhandwerk eingeführt, und der an seiner Seite im Gewühle der Schlacht gestanden, sendete schon in den ersten Apriltagen Seine kais. Hoheit den Erzherzog Wilhelm nach Italien, um der Armee den Dank ihres Kriegsherrn, und ihrem greisen Führer das goldene Vlies zu überbringen.

Unbeschreiblicher Jubel der gesammten Armee erscholl als diese Nachricht bekannt wurde.

Die gesammten Glieder des erhabenen Kaiserhauses überhäuften den alten Helden bei jeder Gelegenheit mit Beweisen ihrer Hochachtung.

Vor Allen aber verstand dies die hohe Kaisermutter.

Am Namenstage des Marschalls, am 19. März, fand derselbe als er am frühen Morgen in sein Arbeitscabinet trat, einen meisterhaft cisélierten Doppeladler aus oxydirtem Silber, der auf einem von broncenen Trophäen umgebenen Marmorpostament ruhte. In seinen Fängen hielt er das wohlgetroffene Miniaturbild Seiner Majestät des Kaisers Franz Josef. Daneben lag ein Zettel von der Hand der Erzherzogin Sophie, der folgenden Vers enthielt:

„Der Du gedeckt den Kaiseraar,
Du Gottes starker Heldenschild,
O werb' der Mutter Dank gewahr,
In ihres Herrn und Sohnes Bild.
Dein Vaterang' sich b'ran erfreu',
Bis daß, vom Reich beweint es bricht
Und Dir der Herr für Deine Treu'
Um's Schwert den ew'gen Lorbeer flicht.

Seine Majestät ließ zu Ehren des Marschalls eine Medaille prägen und sendete ihm durch seinen ersten Generaladjutanten Feldmarschall-Lieutenant Grafen Grünne, drei Stück davon, in Gold, Silber und Bronce. Und wahrlich! Lauter wie Gold, war stets des Helden Gemüth, makellos wie Silber seine Treue und ehern sein Sinn.

Der Kaiser von Rußland ließ dem Marschall durch einen seiner Generaladjutanten beglückwünschen und einen Marschallstab übergeben, 1½ Schuh lang, 1½ Zoll dick, aus Gold mit emaillierten Lorbeer- und Eichenblättern umwunden und an beiden Enden auf zwei Zoll einwärts mit Diamanten besetzt. Zugleich ernannte er ihn, mittelst Tagesbefehl vom 6. April, zum Feldmarschall der russischen Armee und zum Inhaber des weiß-russischen Husaren-Regiments.

Der König Max II. von Baiern zierte ihn mit dem **Hausorden des heiligen Hubertus** und ließ seine Büste in der Wallhalla aufstellen.

Der König von Preußen verlieh ihm den **schwarzen Adlerorden in Brillanten und die erste Classe des rothen Adlerordens mit den Schwertern**.

Auch die Regenten von Sachsen und andere schmückten die Heldenbrust mit ihren höchsten Ordenszeichen.

Noch in Novara überreichte eine Deputation des Wiener Gemeinderathes dem Marschall das Diplom des Ehrenbürgerrechtes. Dasselbe von Grillparzer's Meisterfeder verfaßt, war sowohl an Erfindung als Ausführung ein wahres Kunstwerk.

Der Entwurf für die Zeichnungen ist vom Professor J. N. Geiger, die geschmackvollen Silberverzierungen sind vom akademischen Künstler Johann Glanz. Auf dem Sammtumschlag prangt in Gold, Silber und Email Radetzky's Familienwappen. Eine Kapsel enthält die Wappen des Hauses Habsburg und der Stadt Wien.

Der Text der Urkunde lautet:

„Wir, Gemeinde-Ausschuß und Magistrat der Haupt- und Residenzstadt Wien, beurkunden hiemit: Graf Josef Radetzky, Feldmarschall und Großkreuz des Maria-Theresien-Ordens, hat durch mehr als sechzig Jahre an allen Waffenthaten der österreichischen Armee, als Schwert und Schild, durch Tapferkeit und Feldherrnumsicht, ruhmvoll Antheil genommen. Von den Türkenkriegen der Achtzigerjahre bis zu den Befreiungsschlachten von Kulm und Leipzig, ist kein glorreiches Ereignis, das nicht Ihn, das nicht Er gleichmäßig verherrlicht hätte.

Auf die höchste Stufe des Krieger- und Bürgerthums hob ihn aber die jüngste Vergangenheit, als sein Name und sein Heer der alleinige Ausdruck von der einst gefürchteten Macht Österreichs waren, als er in zwölf Tagen, deren jeder ein Sieg, einem jahrelang vorbereiteten tückischen Überfallskrieg ein Ende machte, und sich jenen Helden anreihte, die als Wiederhersteller des Vaterlandes, im Gedächtnis der spätesten Enkel fortleben.

Die Meinungen der Zeit verschlingt die Zeit, was aber alle Zeiten groß genannt haben, steht unerschüttert in jenem Wechsel.

„Zum bleibenden Zeichen der Dankbarkeit, welche mit dem ganzen Vaterland auch diese Stadtgemeinde dem größten Feldherrn unserer Zeit, der Zierde Österreichs, dem Stolz Deutschlands schuldig zollt, haben wir, uns selber ehrend, dem Grafen Josef von Radetzky das Ehrenbürgerrecht der Haupt- und Residenzstadt Wien angeboten und verliehen **und seinen Namen als den Ersten** im goldenen Buch der Ehrenbürger der freien Commune Wien eingezeichnet."

Die ehemalige Wiener Nationalgarde brachte ihre Huldigung dem greisen Marschall durch Überreichung eines Ehrensäbels mit goldenem Griff.

Der Großherzog von Toscana übersandte dem Feldherrn das **Großkreuz des Sanct=Josef=Ordens** und der Papst ließ ihm das **Großkreuz in Brillanten des Gregor=Ordens** überreichen.

Nachdem die Ruhe in ganz Italien wieder hergestellt war, richtete Radetzky an seine Soldaten folgende erhebende und denkwürdige Dankesworte:

„Als alles wankte um den ehrwürdigen Thron, da wanktet ihr nicht. Wie an den Felsen die Wogen des vom Sturme aufgewühlten Meeres sich brechen, so brach sich an eurer treuen Brust Verrath, Meineid und Empörung. Bald hoffe ich euch sagen zu können, daß auch der beweinenswerte Bürgerkrieg, der noch einen Theil unseres gemeinsamen Vaterlandes verheert, beendet ist. Dann werden die, so jetzt noch als Feinde sich gegenüber stehen, ihres Irrthums, ihrer Verblendung inne werden und sich als Brüder erkennen. Das gezückte Schwert wird ihrer Rechten entsinken; Friede und Versöhnung wird zurückkehren und Österreichs mackellose Fahne wird wieder an der Spitze eines versöhnlichen Bruderheeres wehen, dem sie Jahrhunderte lang, in so mancher heißen Schlacht, ein Vereinigungspunkt, ein Führer auf der Bahn der Ehre und Pflicht gewesen."

Jeder Mann war, wie Radetzky, bereit, jeden Augenblick seinen letzten Blutstropfen für Gott, Kaiser und Vaterland zu opfern, und dieses Bewußtsein war es auch, daß Radetzky bis an sein seliges Ende mit so viel Liebe an seinen Soldaten hieng.

Da der Name unseres Marschalls in Italien gefürchtet war und niemand besser wie er diese unruhigen Südländer beherrschen konnte, wurde demselben, in gerechter Würdigung seiner Verdienste, das Amt eines Civil= und Militär=Gouverneurs in der Lombardie und Venetien übertragen; er war somit zum Stellvertreter des Kaisers ernannt.

Im September des Jahres 1849 eilte nun Radetzky nach Wien, um seinen geliebten Monarchen für diese neuerliche Gnade und Auszeichnung zu danken und ihm zu huldigen; und da durch die erfochtenen Siege der Name des Helden von allen Völkern der Monarchie verehrt wurde, gestaltete sich dessen Reise zu einem Triumphzuge.

Der größte Jubel brach aber in Wien aus, als der Held seinen Einzug hielt.

Schon am Bahnhofe wurde er von den Spitzen der Behörden und von der gesammten Generalität, welche sich auf besonderen Wunsch des Kaisers eingefunden hatte, empfangen. — Die Straßen waren herrlich geschmückt — Festlichkeiten wurden allenthalben zu Ehren des Marschalls veranstaltet — mit einem Worte — es herrschte eine solche freudige Aufregung, daß dieselbe den greisen Feldherrn selbst erschöpfte.

Radetzky war froh, den begeisterten Wienern entkommen zu können, da alle diese Ovationen, seinem schlichten Character stets neue Aufregungen brachten; deshalb fuhr er nur noch zu seiner Tochter, der Gräfin Wenkheim nach Pressburg, und dann sofort nach Italien.

Als 1850 neuerdings Gewitterwolken, am politischen Horizonte aufstiegen, eilte Radetzky kampfbereit nach Wien und Olmütz, doch wurde es von selbst wieder ruhig und unser Held konnte nach Italien zurückkehren.

Als im Jahre 1851 unser geliebter Kaiser Italien bereiste, wurde dem Marschall die Freude zu Theil, seinen Monarchen als Gast begrüßen zu können.

Im Sommer 1851 verlieh der König von Würtemberg dem Feldmarschall das Großkreuz des Militär-Verdienst- und jenes des Kronenordens.

Zur Vermählung unseres Kaisers (24. April 1854) wurde Radetzky nach Wien geladen, damals sah er Wien zum letztenmal. Seine Majestät verlieh ihm damals das Großkreuz des Stephans-Ordens.

Als der regierende Herzog von Modena 1855 seinen Hausorden vom estensischen Adler stiftete, glaubte er demselben erst dadurch die eigentliche Weihe zu verleihen, daß er den Feldmarschall bat: das erste Großkreuz anzunehmen.

Außer den im Texte berichteten Ordensdecorationen besaß der Feldmarschall noch nachstehende:

Den dänischen Elephantenorden, das Großkreuz des sicilianischen Sanct-Ferdinands- und Verdienstordens, die sächsische Rautenkrone und den hannövrischen Hausorden vom heiligen Georg, das Großkreuz des griechischen Erlöser- und des päpstlichen Piusordens in Brillanten, das Ritterkreuz erster Classe des toscanischen Militärverdienst-, das Großkreuz des großherzoglich hessischen Ludwigs-, des parma'schen Sanct Ludwigs Ordens in Brillanten, und das Ritterkreuz des Militär-Sanct-Georgsordens.

Im Jahr 1854 feierte Radetzky seinen 88. Geburtstag und sein 70jähriges Dienstjubiläum.

Am 1. September 1855 waren es 50 Jahre, daß er der Armee als General angehörte, und als im Jahre 1856 unser vielgeliebter Kaiser nach den italienischen Kronländern kam, und die von Radetzky erbetene vollständige Amnestie ertheilte, erlebte er einen schönen Freudentag, da er seinen ehemaligen Feinden diese glückliche Botschaft bringen konnte.

So war unser Held bei beständiger Arbeit 91 Jahre alt geworden, und bedurfte dessen Körper nach mehr als 72 angestrengten Dienstjahren, endlich der Ruhe, obwohl seine geistige Frische nicht gebrochen war; — deshalb bat er seinen Kaiser um Enthebung von seinem Posten.

Seine Majestät der Kaiser geruhte daher, unterm 28. Februar 1857, aus Mailand nachstehendes Allerhöchstes Handschreiben zu erlassen:

„Lieber Feldmarschall Graf Radetzky! Mit jenem tiefem Pflichtgefühl und der treuen Hingebung, womit Sie in dem Zeitraum von 72 Dienstjahren Meiner Armee als unübertroffenes Beispiel voranleuchteten, haben Sie Mir auch nun, bei Meinem Eintreffen in Meinem lombardisch-venetianischen Königreich, mit edler Aufrichtigkeit die Bürde Ihres hohen Alters geschildert und zugleich die Bitte um Enthebung von dem Posten eines Armee-Commandanten und General-Gouverneurs unterlegt. Ich habe dieser Bitte, mit dem tiefsten Bedauern, nur aus dem Grunde nachgegeben, weil Ihre Befreiung von so großer Last der Geschäfte Mir allein die Hoffnung gewährt, Ihr Mir so theures und ruhmvolles Leben noch für eine Reihe von Jahren in ungetheiltem Wohlsein erhalten zu sehen.

Ich befehle unter Einem Alles an, was auf Ihre künftige persönliche Stellung Bezug hat. Sie werden stets in jedem meiner Schlösser, sowohl zu Strà, Monza, in der Villa reale zu Mailand, als zu Wien in meiner Burg, im Palast des Augartens, dann zu Hetzendorf, nach Ihrer Wahl, Mein herzlich gern gesehener Gast, und Ich dadurch in der Lage sein, Mich so oft als ich es bedarf, Ihrer weisen Ansichten und Ihres erprobten Rathes erfreuen zu können.

Und so mögen Sie noch lange Meiner Armee das lebendigste Vorbild unseres Ruhmes, geliebt von Mir und allen österreichischen Herzen, in der dankbarsten Erinnerung Ihres Monarchen, wie in Ihren eigenen glanzvollen Erinnerungen, den Lohn einer so thatenreichen Vergangenheit genießen."

Dieses Handschreiben bildet das schönste Blatt in des ergrauten Helden reichem Lorbeerkranz und bleibt ein Monument, würdig zur Aufbewahrung für kommende Geschlechter.

Der Feldmarschall machte mittelst Armeebefehl vom 1. März seinen Truppen den Inhalt dieses kaiserlichen Handschreibens bekannt und sagte bei dieser Gelegenheit:

„Soldaten! Ich nehme von Euch keinen Abschied, denn ich bleibe unter Euch. Ich überlasse jüngeren Kräften die mühevolle Pflicht Euch zu bilden und zu pflegen, um im entscheidenden Moment, wenn die Stimme unseres geliebten Monarchen mich etwa nochmals rufen sollte, zu zeigen, daß der Degen, den ich durch 72 Jahre und auf vielen Schlachtfeldern geführt, noch immer fest in meiner Hand ruht.

Aber danken muß ich Euch für Euer Vertrauen, für Eure Anhänglichkeit an meine Person, für Eure Disciplin, für Eure Hingebung und Tapferkeit, die uns zu so vielen Siegen führte, und die Bewunderung und Achtung der Welt errang.

Gerne wiederhole ich, was ich schon zu Ende des Jahres 1848 gesagt habe, daß der Glanz, welcher sich wie die Abendröthe nach einem schönen Tag über den Abend meines Lebens verbreitet, Euer Werk ist, was ich geleistet, Eure militärischen Tugenden wanden mir die Krone, welche nun in der Allerhöchsten Gnade unseres erhabenen Kaisers und obersten Feldherrn mein greises Haupt schmückt.

Nehmt meinen Dank dafür Soldaten! Bleibt dessen stets eingedenk und Ihr werdet, ich bin es überzeugt, die Rechte Eures Kaisers und die Ehre Eurer Waffen bis in den Tod bewahren.

Hoch lebe unser vielgeliebter Kaiser Franz Josef!"

Die Armee trauerte um den geliebten Feldherrn, doch gönnte sie ihm die wirklich wohlverdiente Ruhe.

In seiner 72 Jahre 7 Monate währenden Dienstzeit, war er fünf Kaisern ein treuer Soldat und machte siebzehn Feldzüge mit, dabei wurde er siebenmal verwundet und verlor neun Pferde unter dem Leibe, durch feindliche Kugeln.

Trotzdem derselbe sich vor 50 Jahren einen Leistenbruch zugezogen hatte, sah Niemand ihm sein hohes Alter an.

Er gieng nicht zu gebückt, nicht zu langsam, und seine Rede war feurig wie die eines Mannes in den besten Jahren.

Er beherrschte mehrere Sprachen vollständig, und konnte man in Gesellschaften, wo mehrere Nationalitäten vertreten waren, sein Sprachentalent und seine gesellschaftlichen Umgangsformen bewundern.

Radetzky entschloß sich seinen Lebensabend in der Villa reale bei Mailand zu verbringen. Er fühlte sich unter dem milden italienischen Himmel heimischer, und oft sagte er: „Hier bin ich grau geworden, hier will ich auch sterben."

Ein letzter und für ihn sehr angreifender Act war die Beurlaubung von dem erhabenen Kaiserpaar am 6. März 1857 zu Verona.

Mächtig erfasste den am Rand des Grabes stehenden Helden dieser Moment. Es überkam ihn mit tiefer Wehmuth der Gedanke: sein gnädiger Kaiser, dem er so viel schuldete, den er so innig verehrte, für dessen Wohl er täglich zum Himmel flehte, möchte ihm zum letztenmal die Hand gereicht, und er hinwieder zum letztenmal jene seiner geliebten Kaiserin geküßt haben, die ihm schon gewogen war, als sie noch in jungfräulicher Anmuth, an den malerischen Ufern des Starnbergersees weilend, nicht entfernt daran dachte, von der Vorsehung zu Österreichs angebeteter Landesmutter auserkoren zu sein.

Hier muss eine Sonderbarkeit unseres Helden erwähnt werden. Kaum hatte er sich vom erhabenen Kaiserpaare beurlaubt, als er seinen seit Novara historisch gewordenen Schnurrbart sich abnehmen ließ.

Am 21. wollte Radetzky von Verona nach Mailand übersiedeln.

Aus der ganzen Gegend strömten Leute herbei, um den Vater Radetzky noch einmal sehen und grüßen zu können.

Als die Gräfin Wallmoden, die in derselben Absicht am Vortage der bestimmten Abreise erschien und Abschied genommen hatte, begleitete er dieselbe bis zur Thüre, glitt dabei aus und fiel so unglücklich, dass er sich den Beinhals des linken Oberschenkels brach.

Der alte Soldat, welcher bisher kaum wusste, was es heiße, bettlägerig zu sein, musste nun mehrere Wochen und Monate das Bett hüten und, was für ihn noch weit unerträglicher blieb, unthätig sein.

Die Theilnahme an diesem so schweren und in Anbetracht seines hohen Alters auch höchst bedenklichen Unfall war allgemein und aufrichtig.

Seine Majestät unser Kaiser sendete augenblicklich einen Adjutanten nach Verona, um seinen treuesten Diener jenes Beileid auszudrücken, welches des Monarchen erhabenes Gemüth empfand. Vom Erzherzog Max kam im gleichen Auftrage dessen Adjutant Oberst Graf Haddig.

Seine Heiligkeit der Papst sendete telegraphisch dem greisen Feldherrn seinen apostolischen Segen.

Die Gesandten der verschiedenen Staaten in Wien, mussten täglich ihren Monarchen über den Zustand des Jubelgreises berichten. Die Theilnahme war eine europäische.

Da der Heilungsprocess sehr langsam war, constituierte Radetzky's Leibarzt, Dr. Wurzian, einen Rollstuhl, um unseren Helden in die schmerzlich vermisste frische Luft bringen zu können.

Ende Juli konnte unser Marschall endlich die Reise nach Mailand antreten.

Durch die Gnade Sr. Majestät blieb ihm die liebgewordene Umgebung, und insbesondere auch der ihm in Freundschaft und

Ergebenheit zugethane Generaladjutant Stäger von Waldburg, der ihm auch während dieser Krankheit mannigfache Erheiterungen verschaffte.

Bei schönem Wetter machte Radetzky noch Spazierfahrten, und erlebte oft die Freude, von dem ihm mit ungeheuchelter Freundschaft zugethanenen italienischen Volke mit Vivatrufen empfangen zu werden, und bestreuten sie häufig seinen Weg mit Blumen.

Eines Tages, als Radetzky wieder eine Spazierfahrt unternahm und auf dem Castellplatz erschien, rückte gerade das 12. Uhlanen-Regiment zur Übung aus, und ließ der Commandant, als er Radetzky erblickte, sofort defilieren.

Mit herzlichen Worten lobte unser Feldherr die musterhafte Ausführung des Befehles.

Dies war das letzte Regiment, das unser Marschall in Reih' und Glied gesehen und öffentlich belobt hatte, denn schon am 20. December befiel ihn ein leichtes Unwohlsein.

Am 25. fühlte er sich besser und wollte ausfahren, aber plötzlich fiel ein starker Nebel, der die Ausfahrt verhinderte.

Jetzt verschlimmerte sich auch wieder sein Zustand, und am 29. traten, nebst Verfall der Kräfte, heftige Fieberanfälle ein, so daß Dr. Wurzian am 30. ein Consilium zusammen rief, welches leider nur bestätigen konnte, daß alle menschliche Kunst zu Ende sei.

Am 31. December verlangte Radetzky nach den heiligen Sterbe-Sacramenten, beichtete mit echt christlicher Ergebung in den Willen des Allmächtigen, und fühlte sich hierauf wieder besser. Doch bald verfielen seine Kräfte dermaßen, daß ihm das Athmen beschwerlich und das Gehör schwächer wurde; und als er am 2. Jänner 1858 die letzte Ölung erhielt, hatte er schon die Sprache verloren, doch war der Marschall bei vollem Bewußtsein und machte auf die Stirn das heilige Kreuzzeichen.

Im grenzenlosen Schmerze standen General Graf Theodor Radetzky, der einzige den Vater überlebende Sohn, der Adjutant Stäger von Waldburg und der treffliche Dr. Wurzian am Sterbebette unseres Helden.

Nun erfaßte Radetzky die Hand seines Sohnes und flüsterte mit größter Anstrengung: „Diener — Lohn! Lebt wohl! — Dank Euch — Laßt mich ruhig sterben."

Dies waren seine letzten Worte, denn schon am 5. Jänner um 8 Uhr früh trat die Lungenlähmung ein, und ein edles Heldenherz hatte ausgeschlagen.

Das gesammte Officierscorps der Mailänder Garnison enthielt sich von dem Moment an, wo des Marschalls Leben in Gefahr schwebte, des Besuches aller öffentlichen Vergnügungsorte. Die Officiersbänke im Skalatheater waren leer.

Bei der Nachricht vom Tode Radetzky's, ergriff Österreichs Völker die tiefste Trauer und Seine Majestät unser Kaiser erließ sofort nachfolgenden Armeebefehl:

„Dem Willen des Allmächtigen hat es gefallen, den ältesten Veteranen Meiner Armee, ihren sieggekrönten Führer, Meinen treuesten Diener, den Feldmarschall Grafen Radetzky aus diesem Leben abzuberufen.

Sein unsterblicher Ruhm gehört der Geschichte. Damit jedoch sein Heldenname Meiner Armee für immer erhalten bleibe, wird mein fünftes Husarenregiment denselben fortan und für immerwährende Zeiten zu führen haben.

Um dem tiefen Schmerz Meines mit Mir trauernden Heeres Ausdruck zu verleihen, befehle ich weiter, daß in jeder Militärstation für den Verblichenen ein feierlicher Trauergottesdienst gehalten, und von meiner ganzen Armee und Flotte die Trauer vierzehn Tage hindurch angelegt werde. Alle Fahnen und Standarten haben auf diese Zeit den Flor zu tragen."

Seine königliche Hoheit der Großherzog von Meklenburg-Schwerin und einige andere Souveraine ordneten bei ihren Truppen gleichfalls Trauer an.

Die entseelte Hülle ward einbalsamirt, im Saale der Villa zu Mailand drei Tage zur öffentlichen Besichtigung ausgestellt, dann am 14. zur Einsegnung in den Dom von dort aber an den Bahnhof übertragen und nach Venedig geführt, wo selbe eine k. k. Kriegsfregatie aufnahm und nach Triest brachte.

Mehrere Erzherzoge und viele Generäle hatten sich nach Mailand begeben, um dem großen Todten schon dort die letzte Ehre zu erweisen,

Von Triest holte ein eigens hergerichteter Trauerwagen die theure Leiche ab. Die Übertragung von Mailand bis Wien, und von da an die letzte Ruhestätte erfolgte auf Staatskosten.

Auf kaiserlichen Befehl mußte der Sarg in allen Militärstationen durch das Officierscorps und eine Ehrencompagnie empfangen werden.

Das großartigste und glänzendste, ein wahrhaft kaiserliches Leichenbegängnis war dem unvergeßlichen Marschall in Wien durch die Huld seines trauernden Monarchen bereitet, eine Leichenfeier, die noch nie in solcher Pracht, in solcher zarten und aufmerksamen Weise stattfand und in den Annalen des Vaterlandes einzig dasteht.

Montag den 18. um 11 Uhr vormittags trat der Trauerzug aus dem Thor des Arsenals und wurde durch die Ehrencompagnie und eine Cavalleribrigade auf das Glacis geleitet, wo die gesammte Garnison und eine große Zahl einheimisch und fremder Militärs aufgestellt war, um dem geliebten Feldherrn die letzte Ehre zu bezeigen. Aber die höchste Ehre widerfuhr dem heimgegangenen Helden, als sich Seine Majestät der Kaiser in Person an die Spitze der ausgerückten Truppen stellte. Nie zuvor hatte ein Beherrscher Österreichs einen seiner Unterthanen zu Grab geleitet. Aber auch welch ein Herrscher und welch ein Diener! Als die ausgerückten Truppen das Gewehr präsentirten, die beflorten Fahnen sich senkten, der Radetzky=Trauermarsch einfiel und der Kaiser den Säbel neigte, wurden alle Umstehenden von tiefer Rührung ergriffen. Der Schmerz malte sich nicht bloß in den Zügen der gebräunten Soldaten, sondern auch auf den Gesichtern des Volkes. Ganz Österreich empfand, was es verlor.

Vom Glacis bewegte sich der Zug zur Sanct=Stephanskirche, wo die feierliche Einsegnung im Beisein des Kaisers erfolgte; sodann gieng es durch die damalige Jägerzeile (jetzt Praterstraße) zum Nordbahnhof.

Die beiden Momente, wo die Leiche das Arsenalthor verließ und wo selbe den Donaukanal überschritt, wurden jeder durch 24 Kanonenschüsse bezeichnet.

Am Nordbahnhof abermals feierlich empfangen, übertrug man den Sarg auf den Leichenwaggon, während die Truppen die vorgeschriebenen drei Grabessalven in Anwesenheit des Kaisers gaben, der, als die Leiche an ihm vorüberzog, abermals den Säbel senkte und ihr lange in tiefer Bewegung nachblickte.

\* \* \*

Laut des vom Marschall eigenhändig im Jahre 1855 geschriebenen Testamentes hatte er ausdrücklich angeordnet, an der Seite seines Waffengefährten, des verstorbenen Feldmarschalls und Gardecapitäns Freiherrn Max von Wimpffen in Wetzdorf, beigesetzt zu werden, was am 19. geschah.

Des Helden Grab ist des Kaisers Eigenthum und wird von einer Invalidenabtheilung bewacht.